JN168357

1　總持寺全景

2　總持寺祖院山門

3　總持寺大祖堂

4　總持寺大祖堂内部

5　總持寺僧堂内部と修行僧

6　總持寺境内を進む寒行托鉢

總持寺の歴史

増補新版

竹内道雄［著］
尾崎正善［編］

吉川弘文館

増補新版の刊行にあたって

大本山總持寺貫首　江川辰三

本年、二祖峨山禅師六百五十回大遠忌が勤修されますが、そのテーマは「相承―大いなる足音がきこえますか―」であります。この「相承」の意味は、峨山韶碩禅師様をはじめ、これまで曹洞宗そして總持寺を護り発展させてこられた多く祖師方の教えや功績を学び、さらにそれを後世に正しく伝えてゆくことに外なりません。

この度、『總持寺の歴史』を増補新版にて再刊することといたしました。本書は、昭和五十六年に出版され大変好評でありましたが、長らく入手困難な状況が続き、皆様方にお読みいただくことが叶いませんでした。そのため、總持寺の歴史、瑩山禅師様、峨山禅師様の御遺徳を総合的に知る入門書が、手近にない状態が続いていたのです。

まさにこの大遠忌の年に当たり、總持寺の古を思い、さらに未来へ伝えてゆく導入として、本書を再び皆様方のお手元にお届けできることは、真に慶びにたえないことであります。

増補新版の刊行に際しては、新たに口絵を加え、当初の原稿にふりがな、語注、補注を施し、写真図版も掲載しました。また、三松閣の落慶、御移転百年、そして本年の大遠忌に至るまでの記述を追記し、さらに略年表に記事の追加、訂正などを加え、より分かりやすく、見やすいものとなるよう功夫をこらしました。

今回の増補新版の刊行は、總持寺の歴史を親しく学び、深く理解するきっかけとなることと思います。多くの方々の手に触れ、それによって總持寺との御縁が結ばれることを心より祈念いたします。

平成二十七年六月

序

大本山總持寺貫首　乙川瑾映

大本山總持寺は、太祖常済大師が、正伝の仏法である只管打坐の禅風を挙揚し、同時に民衆教化・信心帰崇を標榜して建立された根本道場である。

この太祖大師のご精神は、二代峨山禅師が正しく嗣承し、その長い在住の間、總持寺の風儀を確立し、その教化はそのまま、日本曹洞宗教団の創立期を形づくったのである。

總持寺では、太祖大師瑩山禅師と二祖国師峨山禅師を御両尊と仰ぎ、現在《いま》も、その御こころを御本山の根本精神として今日に至っている。

總持寺の歴史はこれまでは、栗山泰音禅師の労作『總持寺史』や『嶽山史論』があり、また横関了胤師にも『洞門政要』や『總持寺誌』があって、これらの書は学問的にも高い評価を受けている。

しかし時代の変遷とともに、現代に生きる一般の人びとに、もっと分かりやすい平易な歴史書を、との要望があり、竹内道雄師をわずらわして跳龍誌に毎号連載されたものが、本書の出版となった。

江湖の諸士の広く總持寺を知る手懸りとなり、曹洞宗教団を学ぶ指南となれば幸である。

竹内道雄師は、現在、長岡工業高等専門学校教授で十日町市神宮寺住職である。学において真摯、行において綿密、ために本書が、わが總持寺を、日本歴史の中で、分り易く位置づけした好固の労作、となったことに感謝し序とする。

昭和五十六年十一月

はしがき

總持寺の歴史は、実証主義をもといとした近代史学の学問研究の立場からは、栗山泰音《くりやまたいおん》師の『總持寺史』『嶽山史論《がくさんしろん》』によって明らかにされ、また横関了胤《よこぜきりょういん》師の『洞門政要《とうもんせいよう》』『總持寺誌』によってさらに深められ、弘められるに至っている。

しかしこれらの書物を実際に読みこなし、内容を理解している人は、ごく一部の宗門学者に過ぎないように思われる。曹洞宗寺院の大方の住職さえこれらの本を購入することはあっても、これによって總持寺の歴史の全体像を把握することは仲々むずかしいのではないかと考えられる。それは現在の曹洞宗寺院の一般の現況が寺院の経営や檀信徒への布教等に精一杯で、こうした学術的著書を熟読する余裕がないからであろうか。だが同時にこれらの学術的書物は内容的理解が困難であるばかりでなく、その歴史記述は近代の歴史教育を受けたものにとっては親しみにくい体裁や表現がとられていて、歴史の流れの中に、總持寺の今昔を興味深く投影してくれる魅力に欠ける点があるからでもあろう。

このことは学術書の性格として止むをえないことではあるが、それではこれらの折角の貴重な学問的成果が大方の宗門住職にさえ理解されないで終わってしまい、ましてや宗門の檀信徒、一般人には殆んど何も知られないで見すごされてしまうのではあるまいか。

私は常日頃こんなことを考えて残念に思い、宗門の住職、檀信徒、また一般人にも分かり易い曹洞宗の歴史や總持寺の歴史の必要性を痛感していた。こうした思いは私だけではなく大方の心ある宗門人の声でもあったと見え、『跳龍』誌の編集部からたまたま分かり易い「總持寺の歴史」執筆、連載の依頼があった。渡りに舟というわけではないが、宗門史の研究を心がけているものの責務と考えてお引受けした次第である。

しかしこの仕事も実際当面してみるとそうたやすいことではなかったが、前述の先学の研究成果をふまえ、さらに私の手がけてきた研究結果を組み入れて何とか一七回の連載を済ますことができた。總持寺の歴史とは、總持寺それ自体の歴史であると共に曹洞宗教団全体史の中核の歴史である。端的に言って日本曹洞宗史の大部分は広い意味の總持寺の歴史なのである。それ程に總持寺の歴史の分野は広くかつ深い。従ってその記述の視点も様々であって然るべきである。私は曹洞宗教団史の流れとの関連において總持寺の創設から現在に至る歴史の全体像をさらに日本歴史の展開を背景にして記述することに努めた。

しかし擱筆して思うことは、やはり總持寺の歴史はこれが全てではないということであった。ことに總持寺の歴史の支柱ともいえる曹洞禅の宗教思想史及び歴代祖師の行動と思想の面に十分に筆が及ばず、また總持寺の歴史が生み出した文化財については何も触れることができなかったという点である。次には分かり易い叙述で、一般人にも興味深く読めるようにという趣旨で書き始めたのが、首尾一貫せずに終わったのではないかと憂慮される点である。また全体として曹洞宗教団の歴史的背景の描写が濃厚で、為に總持寺の歴史そのものの鮮明度が薄れたのではないかと反省される点である。

以上の私の擱筆後の感想は私の力量不足から来ていることではあるが、一面總持寺の歴史の多彩さを物語っているものであり、従って「總持寺の歴史」は、今後また幾度か志ある人によって書き加えられ、書き替えられるべきものであることを知らされたのである。

ともあれ『跳龍』誌連載の「總持寺の歴史」は、当時、これと併行して永平寺の『傘松』誌に「孤雲懐弉禅師伝」を連載しており、この間に両親の他界、晋山・結制など多難、多忙を極めていた時期の作品であるだけに、私にとっては忘れられない試練の所産とでもいうべきものであったのである。

たまたま昨年の末、駒澤大学主催の第二次訪中仏蹟参観団の一員として渡航の折、總持寺出版部前次長竹原栄雄師及び現次長垣内善勝師と行を共にし、ここに本書の出版を薦められたので悦んで応諾した次第である。二師に対して厚く御礼申し上げると共に、本書によって總持寺の歴史が少しでも理解されて弘まるならばこれにすぐる著者の喜びはない。

本書の出版に当たり、乙川紫雲台猊下からは身に余る序文を頂戴した。まことに光栄の至りであり、感謝報恩の念尽きないものを覚える。

合掌

昭和五十六年十月十五日

竹内道雄

目　次

図版目次

〔口絵〕

〔挿図〕

＊口絵、本文とも提供元の記載のない図版は、横浜市鶴見区、大本山總持寺提供

＊竹内道雄著『総持寺の歴史』（昭和五十六年・総持寺出版部刊行）を尾崎正善の編集により、新たに「増補新版の刊行にあたって」（江川辰三大本山總持寺貫首）、口絵、本文図版、語注、補注、「その後の總持寺」を加えて、『總持寺の歴史〈増補新版〉』として刊行する。

＊本文の（　）内は旧版の語注等、〔　〕内は新たに編者が加えた語注である。

正しい宗意の認識のために

鶴見と總持寺

鶴見といえば宗門人なら誰でも大本山總持寺を連想する。そして一度拝登《はいとう》した人なら誰しも、関東において東京に次ぐ大都会横浜市にこんなすばらしい聖域があったのかと驚嘆する。国鉄鶴見駅に下車して国道を高架線路にそってしばらく下って歩くと、右手に「曹洞宗大本山總持寺」と書かれた大きな標識塔に出くわす。ここが總持寺境内の入口である。この標識塔を仰ぎつつむこうに見える近代的な堂々たる三門に向かって歩き出すと、これまでさんざん電車にゆられ人混みにもまれてきた心身の疲れも雲散霧消してしまう。そして三門をくぐって参道から両側の樹々を眺めながらさらに前方に眼を転じて歩き始めると緑にかこまれた丘陵が眼に映じ、右手はるかに本山の大伽藍が眺められてくる。宗門の人はみんなこの大伽藍が見えてくると一種の緊張感と安堵感を覚える。そして右手の坂を登って左に見える勅使門と仏殿を越えてそのむこうに堂々と聳えたつ大祖堂《だいそどう》の偉容を仰ぐとき、意外に早く目的地に着いたことに驚きながらも思わず立ちどまって合掌低頭してしまう。宗門人以外の人達の感懐は多少異なるにしても、境内地に入り、そしてさらに総受付を経て各伽藍を廻って大祖堂に詣でれば、すべて深い宗教的霊感に打たれるであろう。

二大本山の認識

ところで他宗門の人びとは一般に、あるいは宗門の檀信徒の中でも年々若い人たちが増えてゆくにつれて、たまたま鶴見駅に下車して「曹洞宗大本山總持寺」の大看板を見、はじめてここに曹洞宗の大本山があるのかということを知って認識を新たにする人が多いのである。

そして宗門に多少関心のある人の中には、福井県の永平寺も確か曹洞宗の大本山だと思ったが、さてこの總持寺も大本山となっているがどういうことなのだろう。大本山というのは一つしかないものとばかり思っていたが、曹洞宗には二つあるのかなあ、という素朴な疑問を抱く人が意外に多いのである。そして曹洞宗の二大本山の存在について、それはどういうわけで二つあるのかという真剣な質問を筆者はしばしば受けることがある。しかもこの質問は一般の人びとだけでなく宗門の檀信徒中の相当の知識人からも受けることがよくある。

こんなところになお両本山の宗旨、いや日本曹洞宗の宗旨がまだまだ現実の信仰生活に結びついていないことを筆者は痛感している。もっとも道元禅師、瑩山禅師両祖の御徳、ご慈悲はあまりに広大なので二大本山併存の意味、理由など問題にする必要はない、両祖のご存在は中国古代史に伝えられる二聖天子堯、舜の存在のようなものだ、その平和ないわゆる「鼓腹撃壌《こふくげきじょう》の民」の治世をつくった二天子の存在理由などは一般人民には分かってもおらず、また問う必要もなかったのだ、それと同じことなのだというのであれば、それはそれなりに至純な尊い信仰であるといえよう。

しかし上述のような素朴な疑問や真剣な質問が存在する限り、それらの人びとに納得のゆく答えを用意する親切心が必要であるし、こうした疑問や質問は両祖の信仰にも結びついてゆくことでもあるので、両本山の歴史的性格は明確にしておいて宗門の寺族《じぞく》、檀信徒はこれを熟知し、宗意安心においていささかも危惧を抱くことのないように十分つとめなければならないと思う。

二大本山の正しい認識については總持寺の歴史と関連させて後述するつもりであるが、重要な問題であるので最初に問題提起をしたわけである。

鶴見と能登の大本山

ところで宗門の僧侶の中にはむろんあろうはずはないが、寺族及び檀信徒も含めて一般の人びとの中には、「鶴見の大本山總持寺は、いつごろか知らないが、太祖瑩山禅師さまによってこの鶴見ヶ丘に創建されて以来幾百年の歴史を経て現在に至っている」と信じこんでいる人が案外に多いのに驚いてしまう。このことが全く誤っていることを寺族や檀信徒にはもちろんのこと一般の人びとにも是非知ってもらうことがまずもって必要であると思う。宗門史に対する度を越えた無知は世間のもの笑いになることはもちろん、力強い信仰にはなりえないからである。

さて私はこのような、地方の末派寺院において信徒と親しく接触して生活しつつ感じていることを問題意識としながら、總持寺の歴史をできるだけ平易に述べてみたいと思う。

大本山總持寺はこれまで六百六十年に及ぶ長い歴史をもっている。しかし私どもがここではっきりと知っておかなければならないのは、私がこれまで問題にしてきた現在鶴見ヶ丘に大伽藍が聳えている大本山總持寺は、明治四十四年（一九一一）能登《のと》国《のくに》鳳至《ふげし》郡《ぐん》櫛比《くしひ》庄《のしょう》諸岳《もろおか》〔いまの石川県輪島市門前町〕から、現在地の横浜市鶴見区鶴見に移転したものなのだ、ということである。したがって現在の鶴見にある總持寺は昭和五十六年の今年まで七十年の歴史をもっているということになる。それゆえその歴史は半世紀以上の長さで、歴史の年代とすれば決して長いとはいえないが、その質的な時間の長さからいえば、大正、昭和の激動の時代を経過していて密度は濃く、鶴見總持寺の歴史は日本近代史の激動と共に語られなければならないであろう。

このことについてはいずれ順を追って後に述べることとして、私どもはまず鶴見に移転する前の約六百年に及ぶ能登の時代の總持寺の歴史から説き起こし学んでゆくことにしよう。

一　瑩山禅師と總持寺の開創

1 －瑩山禅師頂相

元応三年（一三二一）は辛酉の年であった。辛酉の年はむかしから諸事が改まる革命の年とされている。朝廷では二月二十三日元応の年号を改めて元亨とした。時代は後醍醐天皇（九六代）の御世《みよ》であるが、そのころ朝廷においては後深草天皇（八九代）の血統を継ぐ持明院統と亀山天皇（九〇代）の血統を汲む大覚寺統とが皇位継承をめぐって激しく対立していた。一方、鎌倉幕府は執権北条高時の治下にあって衰亡のきざしが見えていたが、持明院統と大覚寺統が交互に皇位に即くという両統《りょうとう》迭立《てつりつ》の儀を定め皇位継承に干渉していた。後醍醐天皇はこの元亨元年の十二月、院政を停《と》めて天皇親政とし、記録所を置き、諸処の新しい関所を廃すなどして古代律令制下の延喜・天暦の聖代をめざし鋭意改革にのりだした。そして天皇は近親の公家と謀りひそかに倒幕を企図していたのである。かくて時代は鎌倉幕府の滅亡、建武中興の実現そして南北朝の動乱という果てしない不安動揺の時代に入ろうとしていた。

大本山總持寺はこうした時代を背景に、あたかも後醍醐天皇の親政の改革に呼応するかのように、この年元亨元年（一三二一）六月八日、太祖常済大師瑩山紹瑾禅師《じょうさいだいしけいざんじょうきんぜんじ》（一二六八〜一三二五）によって開創されたのである。今から六六〇年前のことである。次に瑩山禅師の生いたちと禅師が總持寺を開創するにいたった経緯や事情について語ることにしよう。

瑩山禅師は亀山天皇の文永五年（一二六八）十月八日、(補注1)越前国多祢邑《たねむら》観音堂の敷地瓜生《うりゅう》氏の邸宅で誕生し、父は了閑上座《りょうかんじょうざ》、母は懐観大姉《えかんだいし》と伝えられている。禅師は幼名を行生《ぎょうしょう》といい、八歳のとき永平寺に上り永平寺三祖徹通《てっつう》義介《ぎかい》禅師について沙弥となって修学弁道に励み、弘安三年（一二八〇）十三歳のとき永平寺二祖孤雲《こうん》懐奘《えじょう》禅師について菩薩戒《ぼさつかい》〔大乗の菩薩が守るべき戒律。特に日本天台で強調される〕を受け、名を紹瑾と改めるにいたった。

　このころ永平寺においては、道元禅師の宗教の時代的展開をめぐって義介派と反義介派に分かれ三《さん》代相論《だいそうろん》（補注2）〔永平寺の第三世を巡る論争〕といわれる紛糾がくりかえされていたが、瑩山禅師はつねに師の義介禅師の侍者位《じしゃい》にあって弁道《べんどう》〔修行、仏道に精進すること〕を続けた。しかし、弘安八年（一二八五）瑩山禅師はいったん永平寺の師のもとを離れて各地を遍参行脚《あんぎゃ》する旅に上った。そして初め越前宝慶寺《ほうきょうじ》寂円《じゃくえん》禅師に参じ、秋には京都の万寿寺《まんじゅじ》宝覚《ほうかく》、東福寺白雲《はくうん》慧暁《えぎょう》等の臨済禅の巨匠に参じ、また叡山に上り天台の法門〔教え、仏法〕を学んだ。

　比叡山において天台学を修めた瑩山禅師は弘安九年（一二八六）叡山を辞し、紀伊国《きいのくに》由良《ゆら》西方寺《さいほうじ》（後の興国寺）に赴き、かつて道元禅師が菩薩戒を授けた法燈国師《ほっとうこくし》心地覚心《しんちかくしん》に参じたのである。

　こうして遍歴修行をひとまず終わった瑩山禅師は永平寺に住山中の義介禅師に謁《えっ》し、弘安十年（一二八七）師と共に永平寺を退き、その後、正応二～五年（一二八九～九二）師に従って加賀の大乗寺に入寺したのである。たまたまある日、『法華経』を看読《かんどく》して省悟《しょうご》〔自己の本心を明らめる、悟る〕したが、師から印可《いんか》〔悟りを認められる〕を許されず、これより寝食を忘れて修行に励むに至った。いっぽう義介禅師は大乗寺を禅院にすべくその伽藍、機構を整えていたが、永仁元年（一二九三）開堂法会の儀を厳修《ごんしゅ》したのである。

瑩山禅師は翌永仁二年（一二九四）十月二十日、義介禅師が上堂《じょうどう》して挙《こ》された趙州従諗《じょうしゅうじゅうしん》の「平常《へいじょう》心是道《しんぜどう》」の話を聞いて豁然《かつねん》として大悟《たいご》〔悟りを開く〕され、翌年正月十四日、義介禅師に嗣法《しほう》〔仏法を嗣ぐこと〕し、壊弉禅師所伝の法衣《ほうえ》〔僧侶の衣服・袈裟。悟りの証として伝えられる〕を受けたのである。

こうしてそののち瑩山禅師は民衆教化運動に専念し、阿波国に城満寺を開き、多くの道俗に戒〔仏教徒としての規則・軌範〕を授け、また肥後国大慈寺に寒巌義尹《かんがんぎいん》禅師を尋ねるなどして修行に励んだ。正安元年（一二九九）瑩山禅師は城満寺を辞して大乗寺に帰り、義介禅師に随侍《ずいじ》して寺務をたすけた。このころ義介禅師は老齢であったので、瑩山禅師は師に代って雲衲《うんのう》〔修行僧〕の接得教化にあたり、乾元元年（一三〇二）には師の法席〔法を説く場所〕を継いで大乗寺二世の住持位〔住職の位。寺院のトップ〕に就き、嘉元二年（一三〇四）祝国開堂《しゅっこくかいどう》の儀を挙げたのである。延慶二年（一三〇九）義介禅師が九十一歳の高齢で示寂〔仏・僧侶の死〕したので、瑩山禅師は道元禅師の正伝〔師から弟子へ正しく伝わった教え〕の仏法を継承しその時代的展開の責任を一身に担い、積極的な布教活動にのり出したのである。

かくて禅師は正和二年（一三一三）八月能登国賀島郡酒井保に洞谷山永光寺《とうこくさんようこうじ》を建て文保元年（一三一七）に入院の儀をあげたのである。瑩山禅師はこの永光寺を中心にして大乗寺やその後開いた浄住

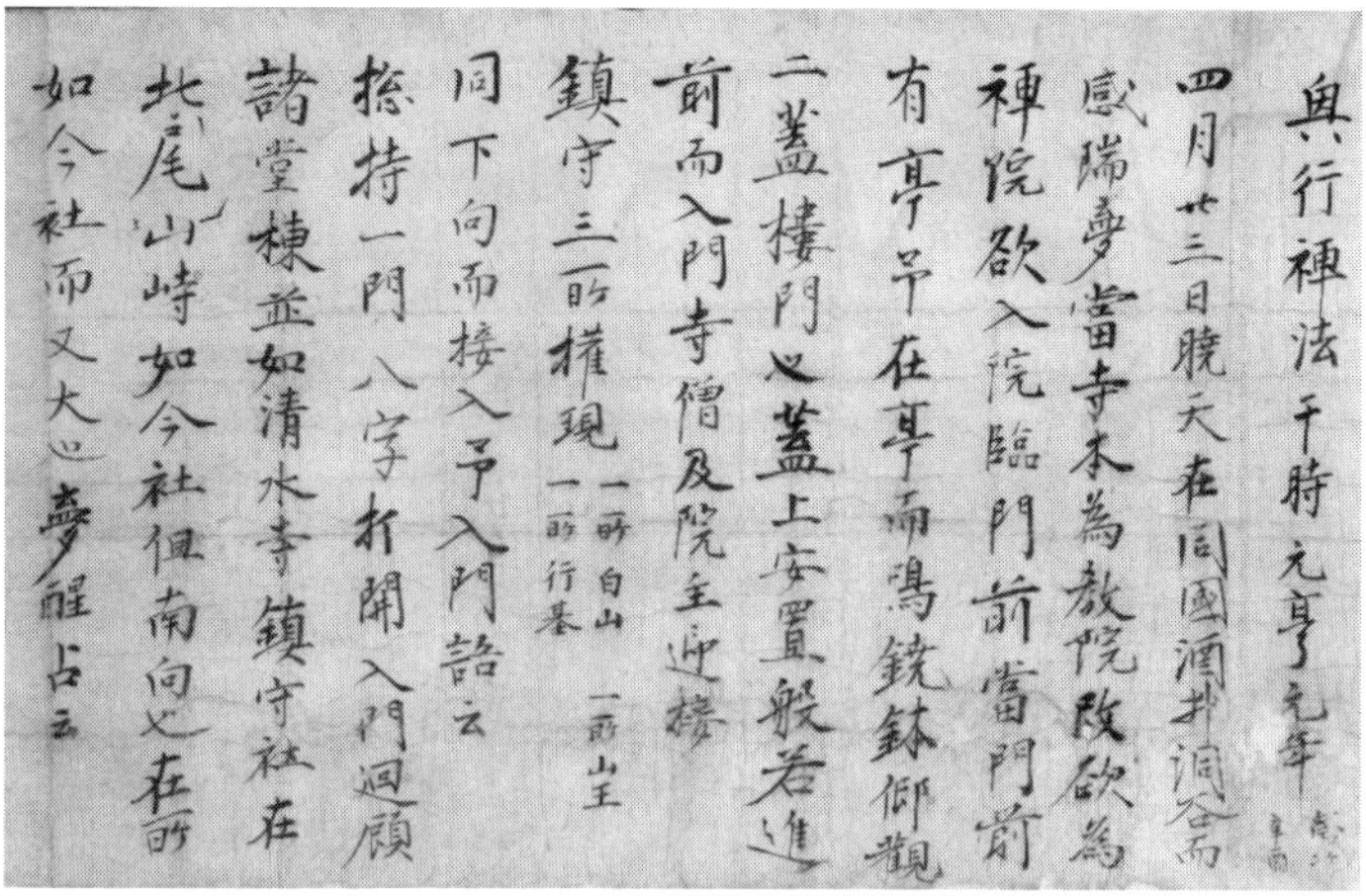
與行禪法　于時元亨元年
四月廿三日暁天在同國酒井洞谷而
感瑞夢當寺本為教院改欲為
禅院欲入院臨門前當門前
有亭早在亭而鳴鐃鈸御觀
二蓋樓門之蓋上安置般若進
前而入門寺僧及院主迎接
鎮守三所權現　一所白山　一所山王　一所行基
同下向而接入予入門語云
總持一門八字打開入門迴顧
諸堂棟並如清水寺鎮守社在
北尾山峙如今社但南向也在所
如今社而又大也　夢醒占云

2－『諸嶽山観音堂縁起（總持寺中興縁起）』

寺、光孝寺を巡回して道俗門弟たちの育成教化にあたり、明峯《めいほう》素哲《そてつ》・峨山《がざん》韶碩《じょうせき》・無涯《むがい》智洪《ちこう》・壷庵《こあん》至簡《しかん》・珍《ちん》山源照《ざんげんしょう》・孤峯覚明《こほうかくみょう》・黙譜祖忍尼《もくふそにんに》などの多くのすぐれた弟子たちを育成したのである。

ところでちょうどこの頃、能登国鳳至郡櫛比庄に行基菩薩の建立と伝えられる諸嶽寺《もろおかでら》という真言宗の律院があった。本尊は観世音菩薩で、霊験は甚だ深く、この国の人たちで敬信しないものはなかった。しかしむかしの七堂を備えた大伽藍は荒廃し、観音堂を残すのみとなっていた。諸嶽寺の住持は定賢律師《じょうけんりつし》といい、かねてより瑩山禅師の徳望を慕い崇敬おくあたわざるものをいだいていたのである。

瑩山禅師の記録した『諸嶽観音堂縁起』（一名『總持寺中興縁起』）および二祖峨山韶碩禅師の謹書した『總持寺縁起』によると次のようなことが伝えられている。

元亨元年（一三二一）四月十八日の夜半、この日は観世音菩薩の縁日であるが、定賢律師は次のような不思議な夢を見た。律師が眠っていると夢枕に観世音菩薩が眉間《みけん》の白毫《びゃくごう》の光を放って現れて告げた。「あなたは知っていられるか、いま釈尊よりその正法《しょうぼう》を嫡々相承《てきてきそうじょう》した第五十四世の大善知識《だいぜんちしき》が当国の酒井の洞谷山に出世して大法輪を転ぜられている〔仏法を説き示し、広めること〕ということを。あなたはこの寺をかの師にゆずり、長く仏法興隆の霊場としまた勅願所としなさい」と。こう言い終わって観世音菩薩は姿を消したのである。ところが不思議なことに、当時酒井の洞谷山永光寺にいた瑩山禅師もこの月の二十三日、暁天《きょうてん》に次のような瑞夢を感じたのである。即ち、能登国の櫛比庄にある真言宗諸嶽寺を縁があったら禅院にしたいと思ってたまたま赴いて入院しようとして門前に臨んだ。門前には高閣があったが、禅師はそこにいて鐃鉢《にょうはち》が鳴っているのをきき、ふと仰ぎ観ると二層の屋根の楼門が見え、その楼閣上には『般若経《はんにゃきょう》』の安置されているのが望見された。前に進んで門に入ると、寺僧及び院主が迎えて接待し、それに白《はく》山《さん》、山王《さんのう》、行基《ぎょうき》の鎮守三所の権現《ごんげん》までが下向《げこう》して親しく迎え入れてくれた。禅師は思わず、「總持《そうじ》の一門八字《いちもんはちじ》に打開《たかい》す」〔仏の教えの門を、八の字のように開く〕と入門の法語を述べた。門を入って見まわすと諸堂の棟が並び立っていてそれはあたかも京都の清水寺のようであり、また南向きの大きな鎮守社もそびえ立っていた。と、そこで禅師は夢からさめたのである。瑩山禅師はこの瑞夢を占って、この寺は仏法の縁が熟した霊場であるので自ら法事《ほうじ》〔法要・仏法を説くこと〕を鳴らせばその名声は四方にきこえるであろうと考えた。こうしたことがあってから後、瑩山禅師は巡回教化の道すがらたまたま櫛比庄に赴いたのである。これを耳にした定賢律師は大いに喜んで禅師を自坊の律院に迎え入れた。そして律師が談たまたまかの霊夢のお告げにおよぶや、瑩山禅師もまたかの瑞夢を語り、あたかも符節《ふせつ》を合するようであったので二人は因縁の深さに驚きあった。そこで定賢律師は早速《さっそく》に律院を禅師にゆずり、寺領の寄進《きしん》を申し出たので、瑩山禅師は快くこれを受けたのである。

こうして瑩山禅師は、定賢律師よりゆずりうけた律院を禅院として、寺号を瑞夢においてロずさんでいた「總持の一門八字に打開す」の「總持」をとって「總持寺」と改め、山号《さんごう》をば旧の諸嶽寺の寺号をとって諸嶽山《しょがくさん》と名づけたのである。これについて禅師は、前の瑞夢のことと共に「總持寺」の文字を書信に記して京都に送り、勅額《ちょくがく》の降下を申請した。朝廷では禅師の瑞夢に感動し、蔵人頭左近《くろうどのとうさこん》衛中将藤原朝臣行房《えのちゅうじょうふじわらあそんゆきふさ》卿に命じて「總持寺」の文字を書かしめ、後、九月十四日に勅額を賜わるにいたったのである。(補注3)因みに「總持」の意味は、陀羅尼—dhālani—の訳であり、善を持して失わず、悪を持して起こらしめざる義である。さきの瑞夢の記録といい、この「總持寺」の命名といい、そこには瑩山禅師の深い宗教心がうかがわれるとともに密教を受容した禅師の時代に即した宗教の性格がよく知られるのである。また山号を諸嶽寺の「諸嶽」をとって「諸嶽山」としたことも、禅師の定賢律師に対する細やかな暖かい配慮がうかがわれ、禅師の包容的、全一的な大人格が偲ばれてゆかしい限りである。

さて瑩山禅師はこのように新しく改宗された禅院の山寺号を、「諸嶽山總持寺」と改名すると共に、

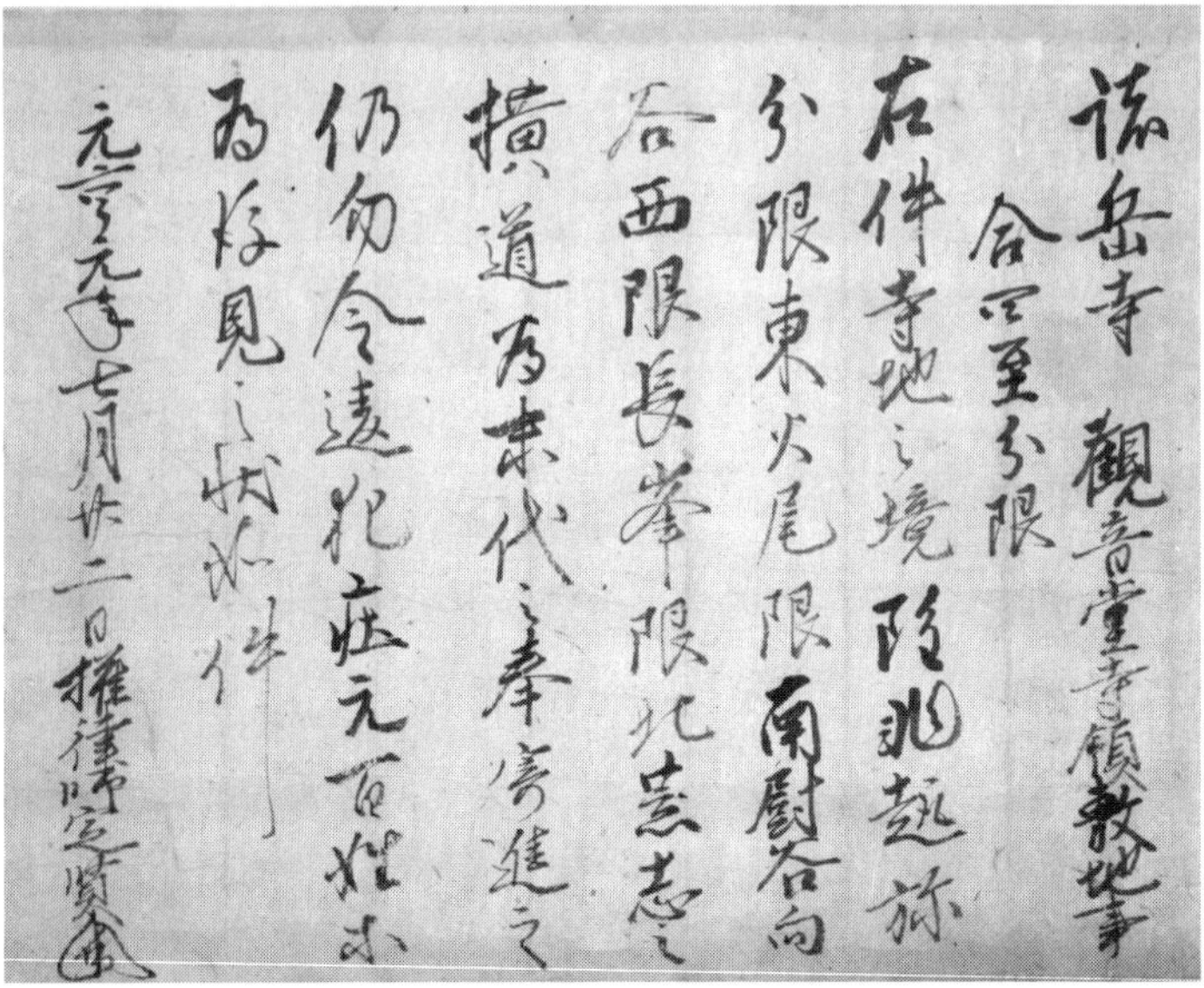

3－定賢「寺領敷地寄進状」

總持寺の御本尊を応身釈迦牟尼仏《おうしんしゃかむにぶつ》（坐像）として大雄宝殿《だいゆうほうでん》に安置し、左右の脇侍《わきじ》に迦《か》葉《しょう》、阿難《あなん》二尊者（立像）を安置し、これまでの本尊観世音菩薩は別に慈雲閣《じうんかく》を築いてここに遷仏《せんぶつ》した。また禅師は、夢中において現われた本尊観世音菩薩の使と称する二羽の大雁《だいがん》の示現《じげん》（時と場所に応じて現り示すこと）によって新たに山門を建立する願を立てたが、これまでの山門楼上に安置されていた僧形《そうぎょう》の観音、地蔵二菩薩の放光《ほうこう》菩薩は、放光堂を建ててこれに移して安置したのである。因みにこの放光菩薩というのは、大唐の広善寺《こうぜんじ》門上の霊像であって、常に光明を放ってその霊験があらたかであったので人びとの敬信のまととなってきた仏像であった。ことに放光菩薩は安産の菩薩として中国および日本の朝野の帰依《きえ》を一身に受けてきたので、禅師は櫛比庄の婦人たちに「霊験必ず揚るべし」としてその帰依祈禱《きとう》をすすめたのである。ともあれ瑩山禅師は、このようにして新しい時代に即応した大禅宗寺院總持寺の伽藍機構や信仰対象を整えるとともに、禅林《ぜんりん》の規矩《きく》をも定め、僧俗一体となって禅林生活を実践し法悦にひたりうる態勢をつくりあげたのである。

かくて禅師はこの年元亨元年（一三二一）六月八日に法嗣《はっす》〔法を嗣いだ弟子〕の峨山禅師以下の衆をあつめて入寺開堂の儀を厳修し演法《えんぽう》〔法を開演すること。教えを説き示すこと〕を展開した。また瑩山禅師は六月十七日に以上のような總持寺開創に至る由来を、諸嶽山總持寺中興沙門の名において無量の感慨をこめて記録し披露したのである。その後、七月二十二日定賢律師は文書をもって正式に諸嶽寺観音堂寺領敷地を瑩山禅師に寄進するに至った。この總持寺への寄進地というのは能登国の鷹尾山の麓にあって、東は火の尾を限り、南は厨谷の向谷を限り、西は長峰を限り、北は荒志の横道を限るものである。それは定賢律師より末代に至るまで總持寺へ寄進された四至《しし》分限《ぶんげん》の境地で、まさに渓声《けいせい》山色《さんしき》に富んだ仏法興隆、仏道実践の道場にふさわしい霊地と言ってよかった。

以上のようにして大本山總持寺は開創され、その発展の基礎が定まったのである。

（補注1）　瑩山禅師の生まれ年は、文永元年（一二六四）説が、現在の定説となっている。これにより、世寿は五八歳説から六二歳説へとなった。また、大乗寺における『伝光録』説示は、住持後のこととされるなど、幾つかの変更が生じている。

（補注2） 三代相論の実際については、義介禅師の時代にそうした紛糾があったか疑問視されている。後世、両山の論争の中から義介禅師が大乗寺に移った後付けとして生じたものとも言われる。

（補注3） 当時の總持寺と朝廷の関係については、どれほど親密であったか疑問が呈せられている。勅額や後に述べられる「十種の勅問」も、後世の説とする意見もある。

二　總持寺の禅風と曹洞宗教団の形成

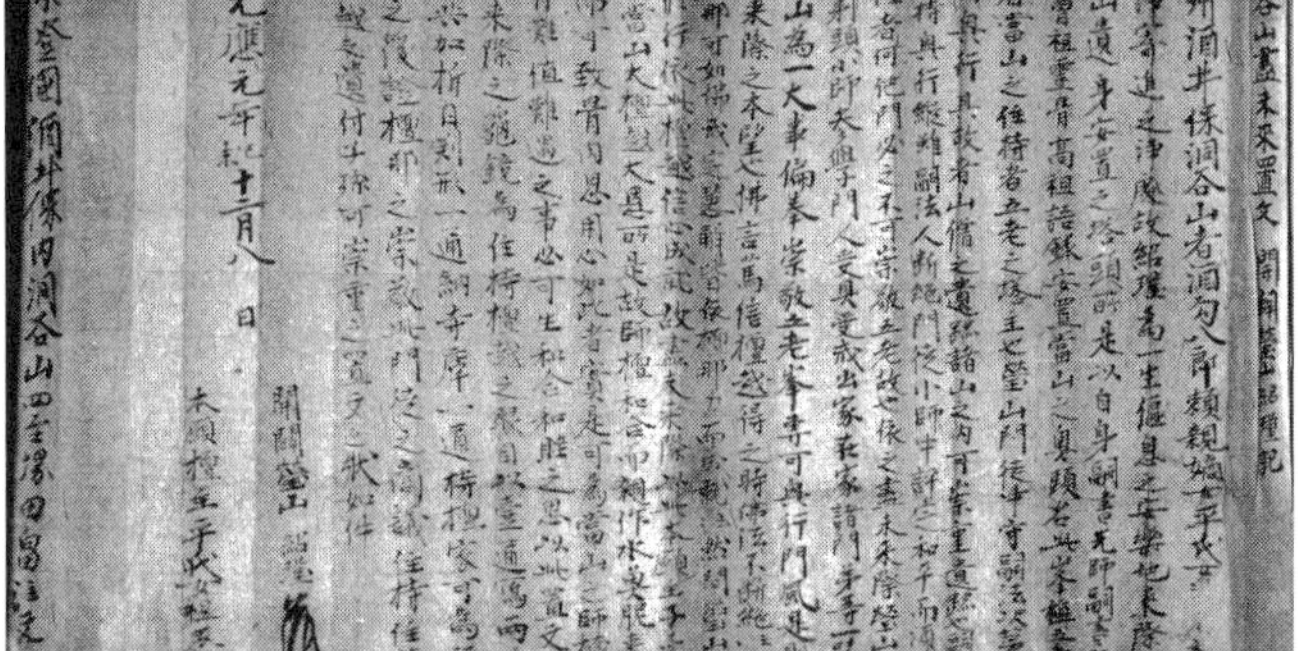

4 －「洞谷山永光寺尽未来際置文」

1　道元禅師の永平寺と瑩山禅師の總持寺

大本山總持寺が太祖常済大師瑩山紹瑾禅師によって開創されたのは、前述したように、元亨二年（一三二二）六月八日であった。

ところで、瑩山禅師は初祖道元禅師の正伝《しょうでん》の仏法を初めて純粋に継承したお方であるが、そこに両祖の禅風の特色がおのずから生まれたのである。それはどういう面であるかというに、端的にいえば、道元禅師の禅風は仏法の真理そのものを開顕《かいけん》する如来道《にょらいどう》のゆき方であり、瑩山禅師の禅風は仏法の真理を衆生《しゅじょう》にひろめる菩薩道のゆき方であったということである。しかしここで注意しなければならないのは、このことはあくまでかりに両祖を比較申し上げたうえでの特色であって、両祖とも如来、菩薩の両面を兼備していられるということであり、また宗門の純粋な信仰の上からは、本来、両祖の禅風を分けることなく両祖一体観の上に立って宗旨は開陳されなければならないということである。したがって上述の瑩山禅師の禅風の特色は、道元禅師の宗教の側面大乗菩薩道が時代的に展開したものとすべきであろう。ここに両祖一体観の本質的な意味があり、また瑩山禅師が道元禅を継承してそれをより広く時代的に展開したとされるゆえんがある。そしてまたここに、大宗門たる曹洞宗教団の統一融和の根本原理が存するのである。

　ところでいっぽう前に述べたような両祖の禅風の特色は、そのまま両祖がそれぞれ開創された永平寺、總持寺の性格の特色ともなっているのである。永平寺は、寛元二年（一二四四）、大仏寺として開創されたが、その後寛元四年（一二四六）六月十五日に、仏法東漸《ぶっぽうとうぜん》の年すなわち後漢の明帝永平十年（六七）の年号に因んで永平寺と改められたのである。永平寺の開創は越前の深山幽谷において新天地を開拓しておこなわれ、道元禅師は全く独自に、何ものにも煩わされることなく只管打坐《しかんたざ》の純粋禅を挙揚《こよう》したのであった。それは世俗との隔絶はむろんのこと旧仏教との絶縁の宣言でもあった。したがって道元禅師の宗教は愈々《いよいよ》高く愈々深くそして愈々厳しい孤高飄逸《ここうひょういつ》の性格が強く、しかもそうであってこそそこに日本における最初の純粋禅の一宗独立という歴史的意義あったのである。それ故また永平寺は仏法の真理そのものを顕現する真理の殿堂であり、如来道実践の根本道場ということができるのである。

　道元禅師の永平寺に対して瑩山禅師の總持寺の開創は、真言宗という平安時代以来の旧仏教の改宗を前提としておこなわれた。したがって瑩山禅師の宗教は自らに厳しい修禅の生活を実践しつつも他人を許す温容さ、新・旧両仏教を合わせつつむ広大な包容力がおのずから生まれてこざるをえなかったのである。瑩山禅師の禅は、旧仏教を容認し、祈禱や民間信仰をも包む新しい時代のしかも純粋禅であったのである。

2 總持寺の禅風

こんなことをいうと読者の中には、これは全く矛盾した論理だといぶかる人がいるかもしれない。祈禱や民間信仰を容認した純粋禅などがあるものか、それは新旧仏教混淆の祈禱禅ではないか、と。しかしこのように真面目に主張する人があるとすれば、その人は、曹洞禅の理解がまだ十分ではないといわざるをえない。あるいはその人は「月に両箇《りょうこ》あるを知らない」と瑩山禅師に諭されるかもしれない。この場合、祈禱や民間信仰は当時における民衆と純粋な宗教心、純粋禅を結ぶ唯一の媒体であったのである。したがって祈禱や民間信仰を包容することなくして純粋禅すなわち道元禅の民衆化はありえなかったはずである。要するに純粋禅とは衆生済度《しゅじょうさいど》の大乗的立場に立った只管打坐《しかんたざ》の禅をいうのであり、その意味において民衆教化、衆生済度を第一義とした瑩山禅師の禅は祈禱や民間信仰を包容した純粋禅であると言ってよい。したがってまた密教的祈禱の受容も民間信仰の容認も衆生済度の純粋禅の方便としてむしろ貴重な意味をもっているといえるのである。瑩山禅師は「洞谷山永光寺尽未来際置文《とうこくざんようこうじじんみらいさいおきぶみ》」の中で

瑩山今生《こんじょう》の仏法修行は此の檀越《だんのつ》の信心に依って成就す。（原漢文）

とまで言っている。禅師がいかに檀信徒の信仰心を重んじ、またそれに期待されていたか、いやむし

ろ禅師は心から檀越〔旦那・檀信徒・外護者のこと〕の信心に感謝さえしていたのである。瑩山禅師の衆生済度、民衆教化の念願がいかに至純なものであったか合掌低頭するほかはないのである。いずれにしても瑩山禅師の禅風は、道元禅師の純粋禅を継承しつつ長い日本歴史の中に育成されてきた伝統的な神仏混合の民間信仰をも容認した大らかな慈愛あふるるものであったのである。

さて大本山總持寺は、いうまでもなく、このような瑩山禅師の禅風を発揚する根本道場であり、したがって只管打坐の修禅《しゅぜん》生活を自らに行じつつその禅風を広く在俗の中に弘め浸透させてゆくところにその本領があるといえるのである。さらに布衍すれば、大《だい》聖釈尊《しょうしゃくそん》をはじめ菩提達摩《ぼだいだるま》—大《だい》鑑慧能《かんえのう》—洞山良价《とうざんりょうかい》—天童如浄《てんどうにょじょう》—永平道元《えいへいどうげん》—孤雲懐弉《こうんえじょう》—徹通《てっつう》義介《ぎかい》—瑩山紹瑾《けいざんじょうきん》等、歴代祖師たちをつらねて脈々と伝わっている正伝の仏法を時代に即して正しく展開発揚するところに總持寺の本領があると言ってよい。

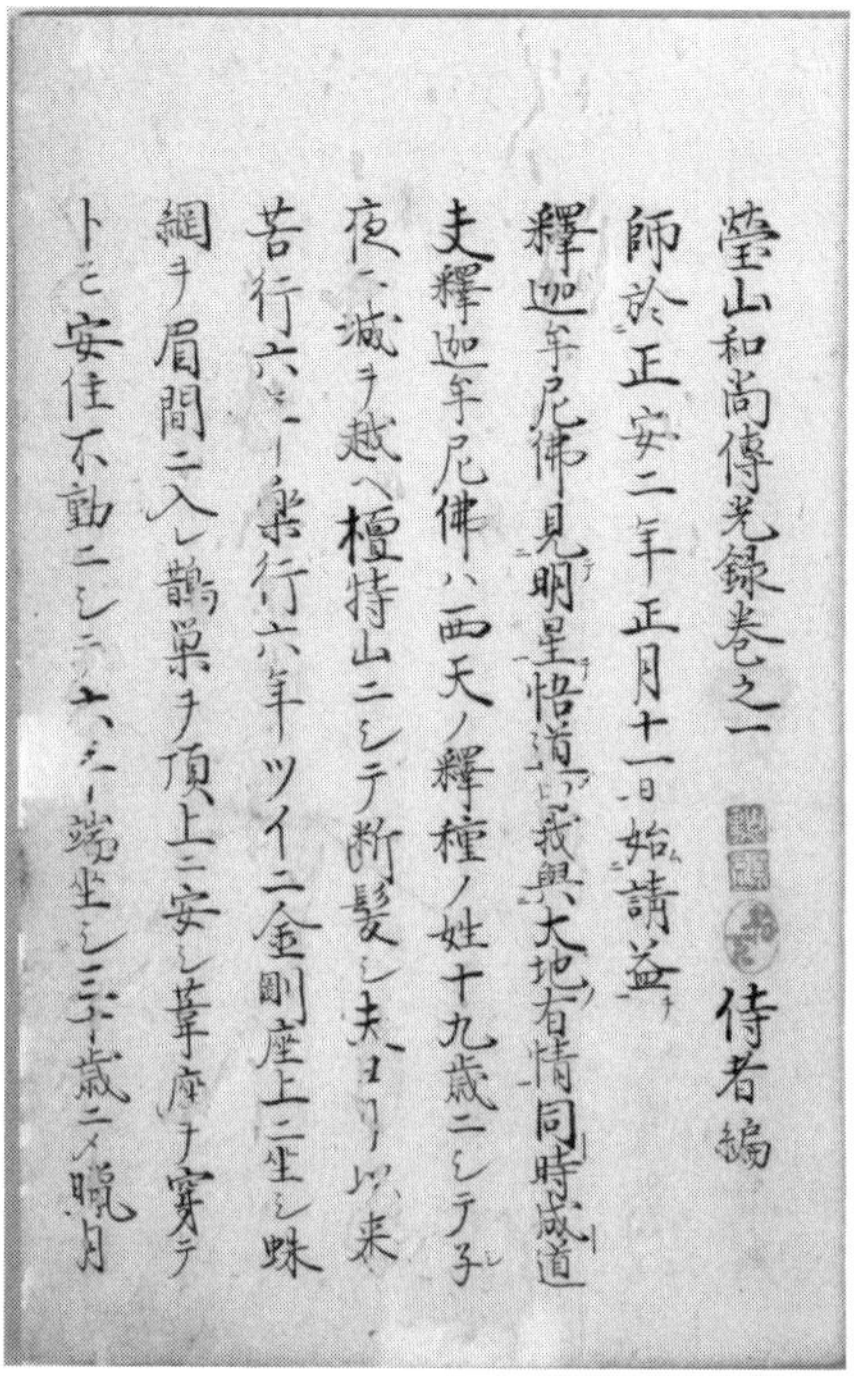
瑩山和尚傳光録巻之一　侍者編
師於正安二年正月十一日始請益
釋迦牟尼佛見明星悟道曰我與大地有情同時成道
夫釋迦牟尼佛ハ西天ノ釋種ノ姓十九歳ニシテ子
夜ニ城ヲ越ヘ檀特山ニシテ断髪シ夫ヨリ以来
苦行六年ノ樂行六年ツイニ金剛座上ニ坐シ蛛
網ヲ眉間ニ入レ鵲巣ヲ頂上ニ安シ葦座ヲ穿テ
トモ安住不動ニシテ六年端坐シ三十歳ニメ曉月

5－『伝光録』

思うに現在の時代は世界史の時代である。その意味で甚だ大きなことをいうようだが、世界史的な規模において曹洞禅すなわち瑩山禅師の宗教を考えてゆく抱負を宗門人は常に念願におく必要がある。この大抱負の実現を目指して努力精進することこそ現在の時代において最も太祖大師のご意図に添うゆえんであると考えられる。私がかように主張するのは、実は總持寺の長い歴史が私に教えてくれているからである。すなわち總持寺を中心にした曹洞宗教団の成立と発展の歴史が私をしてこのように主張せしめているのである。かかる意味から再び總持寺開創の時代に帰ってその教団成立の歴史を探ってみよう。

3 曹洞宗教団の形成

さて前述のような経緯によって總持寺が開創されると、瑩山禅師の名声はいちやく中央や諸方に聞こえるようになり、また禅師も道元禅の民衆化運動に積極的に乗り出された。ここに總持寺の歴史の中に古くから伝えられている有名な事実がある。それは後醍醐天皇からの「十種の勅問《ちょくもん》」に対する瑩山禅師の奉答のことである。これは瑩山禅師の徳風を耳にした後醍醐天皇が禅師に十種の勅問を垂れ、これに対する禅師の奉答が一々深く叡慮にかなったというのである。この史実については疑問もあるがこれについて永光寺《ようこうじ》所伝のものは「十種の凝滞《ぎたい》」とされ、その奥書《おくがき》によると禅師の奉答がおこなわれたのは元応二年（一三二〇）九月六日のことである。また總持寺所伝のものは「十種の勅問」であり、これがなされたのは元亨元年（一三二一）八月のことである。いずれにしてもこの總持寺の寺伝は、瑩山禅師が總持寺を開いていらい階層の上下を問わず、上は朝廷から下は一般庶民にいたるまで、広く深く在俗布教に関心をもち、積極的な行動をとるにいたったことを物語っている。

さてこうした瑩山禅師の積極的な菩薩道の実践活動に対して、後醍醐天皇は、さらに元亨元年（一三二一）八月二十八日、綸旨《りんじ》を賜い、總持寺を日本曹洞《にほんそうとう》賜紫《しし》出世《しゅっせ》の道場と定めたのである。この時の綸旨といわれるのは次のようなものである。

能州諸嶽山總持寺ハ、直《じき》ニ曹渓《そうけい》ノ正脈《しょうみゃく》ヲ統《つ》ギ、専《もっぱ》ラ洞上《とうじょう》ノ玄風《げんぷう》ヲ振《ふる》フ。特ニ日域無雙《にちいきむそう》ノ禅苑《ぜんねん》為《な》ルニ依《よ》リ、曹洞出世ノ道場ニ補任《ほにん》ス。宜《よろ》シク南禅第一ノ上刹《じょうさつ》ニ相並《あいなら》ビ、紫衣《しえ》法服《ほうふく》ヲ着シ、宝祚《ほうそ》ノ延長ヲ祈リ奉ルベシ。者《て》ヘレバ、天気《てんき》此ノ如シ。仍ツテ執達件ノ如シ。

元亨二年八月二十八日　（勧修寺）経顕

瑩山紹瑾和尚禅室　（原漢文）

この要旨は、次の如くである。

能登国の諸嶽山總持寺は、中国の曹渓山六祖大鑑慧能禅師の正しい法灯をついでそれより洞山良价禅師に伝わる曹洞禅のおく深い道理を宣揚してきた。それ故とくに日本にふたつとない禅苑《ぜんねん》（禅寺・

禅林」であるので、「曹洞出世ノ道場」に補任《ほにん》（任命）する（出世＝綸旨を賜い紫衣を著すること）。よろしく京都五山第一位の上刹である南禅寺《なんぜんじ》（臨済宗）と相並んで紫衣法服を着けて皇位の無窮を祈られたい。天皇のご気嫌、思召しはこのようであるのでここに書類を送達する。

右の、後醍醐天皇が總持寺をもって曹洞賜紫出世の道場としたこの綸旨についても歴史の事実として疑義もあるが、長い宗門史において、總持寺は、この綸旨によって、出世道場としての一宗の本山たることが認められ、同時に總持寺を中核とする宗団が正式に曹洞宗を称する教団となったと伝承されてきたのである。

いずれにしても元亨年間を境にして瑩山禅師が開創しあるいは住持となった諸寺院は、總持寺を中心として相互に有機的な関連をもつ曹洞宗教団を形成していったのである。

三　總持寺教団の形成

6－永光寺五老峰

1　瑩山禅師と永光寺五老峰

瑩山禅師が總持寺を開創する以前に同じ能登国に洞谷山永光寺を建てたことは、既に述べたように、文保元年（一三一七）十月二日のことである。この永光寺は瑩山禅師の開創した最初の本格的な中心道場と言ってよかったが、總持寺が開創され、日本曹洞賜紫出世の道場としてその教団発展の基礎が固まると、さらに曹洞宗教団の時代に即した発展を念願して、禅師はこの永光寺に五老峰《ごろうほう》を設置したのである。

五老峰とは永光寺の奥の山頭にある伝燈院開山堂《でんとういんかいざんどう》のことである。ここに瑩山禅師は高祖天童如浄《てんどうにょじょう》の語録、二祖永平道元《えいへいどうげん》の霊骨《れいこつ》、三祖弧雲懐弉《こうんえじょう》の血経《けっきょう》、四祖徹通義介《てっつうぎかい》の嗣書《ししょ》、五祖瑩山紹瑾《けいざんじょうきん》ご自身の嗣書等を石櫃《せきひつ》に納めて埋蔵し、五大老の廟所《びょうしょ》としたのである。この五老峰は元亨三年（一三二三）四月八日に工を起こし、八月二十二日に鉞立式《えつりつ》〔樹木伐採前の儀式、転じて建立前の儀式〕を挙げ、九月十三日には竣工の運びとなった。この日瑩山禅師は「伝燈院五老悟則並行業略記」を撰述したのである。五老峰の設置は、瑩山禅師のかねてからの念願であって早く元応元年（一三一九）十二月八日に「洞谷山永光寺尽未来際置文」を定め、その中で、嗣続《しぞく》〔仏法を伝えること・嗣法〕を慎重にすべきことや檀那を敬い水魚の交わりをなすべきことなどと共に偏えに五老峰を崇敬すべきことを訓していたのであった。

さて五老峰設置の意義はまことに大きく、ここに瑩山禅師の時代に即して道元禅師の正伝の仏法を宣揚しようとする意図が最もよくうかがわれるのである。すなわち、瑩山禅師は、まず釈尊から菩提達摩以後、天童如浄、永平道元と続く正伝の仏法を継承し、しかも日本達磨宗の出身ではあるが、道元禅師の正伝の仏法の挙揚に尽くした懐弉、義介のそれぞれ血経、嗣書をも納めてこれら祖師達の法を一貫して授受した自己の地位と立場を明確にしたのである。この五老峰設置の背後には瑩山禅師の、時代と民衆の動向に対する高邁《こうまい》な洞察がうかがわれる。すなわち、

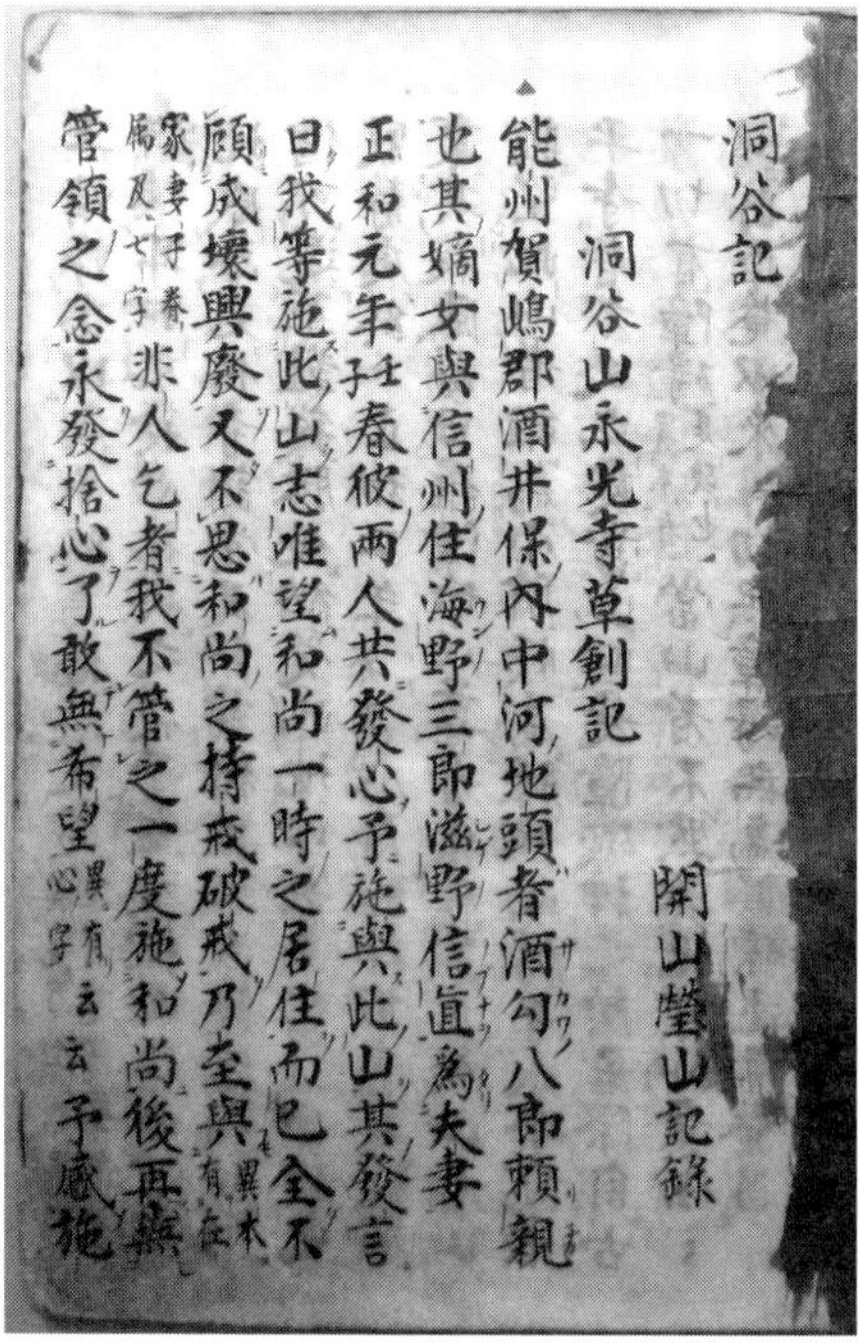
洞谷記
洞谷山永光寺草創記　開山瑩山記録
能州賀嶋郡酒井保内中河地頭宥酒勾八郎頼親
也其嫡女與信州住海野三郎滋野信直爲夫妻
正和元年壬子春彼両人共發心予施與此山其發言
日我等施此山志唯望和尚一時之居住而已全不
顧成壞興廢又不思和尚之持戒破戒乃至與異本有在
家妻子眷屬及七字非人乞者我不管之一度施和尚後再無
管領之念永發捨心了敢無希望心異本有心字云云　予感施

7 －『洞谷記』

このころは、前述したように、道元禅師の入滅後、禅師の宗教の時代的展開や嗣承に対する疑義などをめぐって三代相論が起こったあと、永平寺の原始教団は分裂しており、従って檀信徒の中にも動揺がおこり、一面に宗門の命脈が危機に瀕する状態にもあったのであ

る。瑩山禅師はかかる現状を憂えて、いわば三代相論に終止符を打ち、ここに宗門の信仰対象と立場を明確に宣言したのである。

かくて瑩山禅師の五老峰の設置による信仰対象の明確な宣言と再確認によって、分裂状態にあった道元禅師の原始教団は新しい装いをもって復活、統合され、門流の意志の統合、信仰の統一がはかられたのである。

このように、洞谷山永光寺は、瑩山禅師によって、釈尊から道元禅師・瑩山禅師へと連綿として連がる宗門の永遠に尽きない大法《だいほう》〔仏法・釈尊の教え〕の源泉として建立されたものと言いうるのである。従って同じ御開山を戴く總持寺とは一身同体の関係にあり、總持寺が専ら正伝の仏法を時代に即して展開、宣布する道場であるのに対して、永光寺は總持寺の歴史上その宗教的生命を培う母胎として位置づけられるものである。

2　永光寺の輪住制度と瑩山禅師の晩年

永光寺は前述のように總持寺の歴史上、重要な地位を占めるものであるが、さらにその教団発展史の上から見るとき、その教団の組織、運営の源が永光寺にあったことを私共はよく理解しておく必要がある。すなわち瑩山禅師は永光寺に曹洞宗教団における最初の輪住制度《りんじゅうせいど》を施いたのである。そもそも輪住制度というのは、その寺院の御開山の法嗣《はっす》（法を嗣いだ弟子）たちが、それぞれ愛山護法の栄誉と責任を担い、期限を定めて輪番（交替で勤める）に本寺の住職になる制度である。瑩山禅師には嗣法の弟子として明峰素哲《めいほうそてつ》、無涯智洪《むがいちこう》、峨山韶碩《がざんじょうせき》、壺庵至簡《こあんしかん》のいわゆる四哲がおり、これらの四哲は山内にそれぞれ紹燈庵《しょうとうあん》、新豊庵《しんぼうあん》、大雄庵《だいゆうあん》、宝鏡庵《ほうきょうあん》と名づける塔頭《たっちゅう》を構えて住んでいたが、禅師は、これら四哲、およびその法孫（法を嗣いだ弟子達）が輪番で本坊の永光寺に住持職を勤めることを定めたのである。この輪住制度はそののち總持寺においても採用され、後に述べるように二祖峨山韶碩禅師の時代において完成の域に達し、かくてこの輪住制度は、總持寺教団を中心とする中世曹洞宗教団が大発展をとげる一大要因となったのである。

　さて瑩山禅師は、五老峰が竣工した年の元亨三年（一三二三）の十月九日に、「山僧《さんぞう》遺跡寺寺置文」を記して、能登の洞谷山永光寺、山中の円通院《えんずういん》、總持寺、光孝寺《こうこうじ》、そして加賀の宝応寺《ほうおうじ》、放生寺《ほうじょうじ》、浄住寺《じょうじゅうじ》、大乗寺《だいじょうじ》の八カ寺は、修練行持《ぎょうじ》の道場として永代門風《えいたいもんぷう》を守るべきことを門徒に示したのである。続いて翌元亨四年（一三二四）三月十六日には「總持寺十条亀鑑《きかん》」を定めて、永く児孫の遵守すべき規矩としたのである。その中には、まず總持寺を本寺となして宝祚《ほうそ》（天皇）の長久を祈るべきこと、定賢律師を開基となすこと、師資伝法《ししでんぽう》を厳正にすべきことなどの教団及び寺院運営の基本が明示され、次いで名利を離れて参禅学道に励み、諍論《そうろん》すべからざることとか、沙弥童行《しゃみずんなん》等は諷経《ふぎん》（経典を唱える）の外に仏祖の法語を修学すべしというように日常の学道生活に対する親切な教訓が示されている。とくに注目すべきは、寺中諸堂の清掃を怠らず、堂宇の毀損に当たっては「一唱百和」して修復に尽くし、「すみやかに旧観に復すべし」と示していることである。瑩山禅師は民衆の発菩提心《ほっぼだいしん》をうながし、宗教心を助長する為には、寺院の諸伽藍の整備、境内地環境の清潔が重要な役割を果たすものであることを教示したのであった。

ところで瑩山禅師は、一方において出世道場となった總持寺の僧堂の建立をすすめていたが、この年の五月二十九日に僧堂を開くにいたった。そして禅師は七月六日に僧堂の開単式《かいたんしき》を挙行するために永光寺から總持寺へ出向いた。かくてここに開単式が厳修《ごんしゅ》され、叢林《そうりん》の生命ともいうべき僧堂が正式に開設されたのである。瑩山禅師はかねてより僧堂の開設を契機にして、總持寺の運営をその法嗣たちに任せることを決意していたのであろう。翌七月七日、法席《ほっせき》〔説法の場所・住持職〕を峨山韶碩禅師に譲り、退院上堂〔住職を退くときの説法〕の式を挙げた。瑩山禅師は峨山禅師に拄杖《しゅじょう》、払子《ほっす》、戒《かい》策《さく》、竹篦《しっぺい》等を付法の印として伝授した。その後、總持寺においては新命《しんめい》峨山禅師を中心に吉事《きちじ》が連続して挙行された。こうして總持寺における退院式、新命晋山式《しんさんしき》の諸行持が一切終了したのち瑩山禅師は、十二日、明峰素哲禅師を伴って永光寺に帰山したのである。

永光寺に帰山した瑩山禅師は、普光堂（本堂）をはじめ七堂伽藍を建立、整備すると共に、僧俗の教化をめざして、『能州洞谷山永光禅寺行事次序《のうしゅうとうこくさんようこうぜんじぎょうじじじょ》』一巻を撰述した。これがすなわち『瑩山和尚清規《けいざんおしょうしんぎ》』である。『瑩山和尚清規』は道元禅師の『永平清規《えいへいしんぎ》』と共に、そののち、車の両輪のように曹洞宗門の宗侶《しゅうりょ》ならびに檀信徒の日常実践の規矩となったのである。『永平清規』が宗門僧侶の出家道の実践を中心にした規矩であるのに対して、『瑩山和尚清規』は、さらに時代や民衆の要望に応えて在家教化の実践に深い配慮がはらわれている点に大きな特徴があるといえよう。

正中二年（一三二五）、瑩山禅師は五十八歳を迎えたが、八月に入り微疾を示したので、八月一日、上足《じょうそく》の明峰素哲禅師を能登の永光寺、円通院、總持寺、光孝寺と加賀の宝応寺、放生寺、浄住寺、大乗寺等の瑩山禅師の遺跡八ヵ寺の僧録《そうろく》（僧尼の登録を司る役職）に任命すると共に、八月八日、永光寺の院事を明峰禅師に付嘱された。かくて八月十五日夜半、侍者を召して沐浴浄髪《もくよくじょうはつ》して衣を整え、「念起る是れ病、続かざる是れ薬、一切の善悪、都《すべ》て思量すること莫《なか》れ、纔《わずか》に思量に渉れば、白雲万里」（原漢文）と衆に示され、ついで

自《ラ》耕《シ》自《ラ》作《ス》閑田地。幾度《カ》売《リ》来《リ》買《ヒ》去《テ》新《ナリ》。無《キ》レ限《リ》霊苗種熟脱《ス》。法堂上《ニ》見《ル》二挿《ム》レ鍬《ヲ》人一。

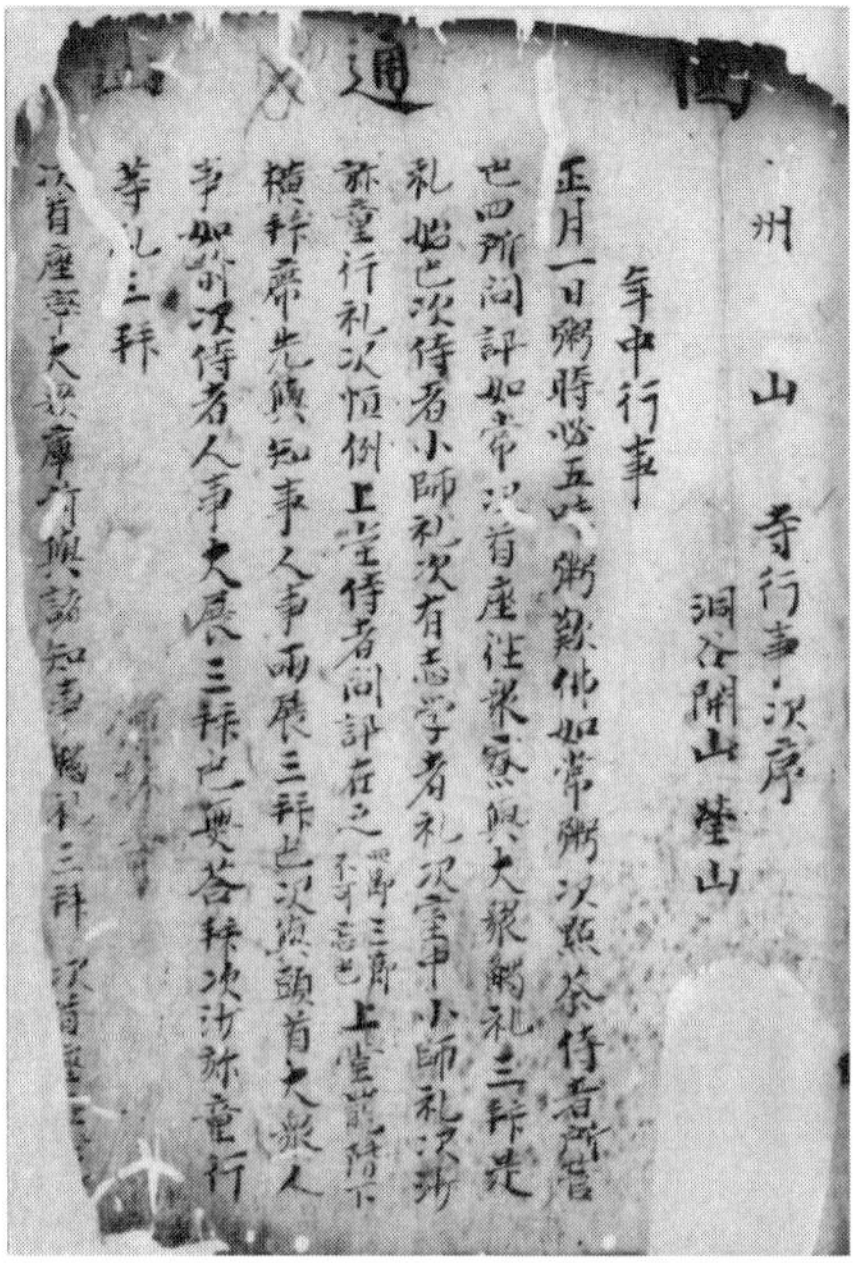
能州　山　寺行事次序
洞谷開山　瑩山
年中行事

8－『瑩山和尚清規』

と遺偈《ゆいげ》をしたため、筆を投げて遷化《せんげ》〔他に説法の場所を遷す意。禅僧の死を表す〕したのである。世寿《せじゅ》〔世俗での年齢〕五十八歳、法臘《ほうろう》〔出家してからの年齢〕四十六歳であった。

ところで瑩山禅師が示寂する前に明峰禅師を僧録に任命したことは、曹洞宗門における僧録の初めとして注目すべきことである。この僧録による末寺の統制支配は、前述した輪住制度とともに教団組織の強化を図る為の一大支柱となったのであって、ここに輪住制度と僧録制度ができたことによって中世曹洞宗教団の大発展の基盤が固められたのである。

四　總持寺教団の発展

9－峨山禅師頂相

1　二祖峨山韶碩禅師

瑩山禅師には黙譜祖忍《もくふそにん》、忍戒《にんかい》などの尼僧を含めて多くの弟子達がいたが、嗣法《しほう》の弟子の中で特にすぐれていたのは、前述の明峰素哲《めいほうそてつ》（一二七七―一三五〇）と峨山韶碩《がざんじょうせき》（一二七五―一三六五）の二禅師である。この後者の禅匠こそ曹洞第三の祖師と仰がれた總持寺二祖大現宗猷国師《だいげんしゅうゆうこくし》峨山韶碩禅師その人である。

峨山禅師は能登国羽咋郡《はくいぐん》瓜生田《うりゅうだ》に生まれ、十一歳で出家、十六歳で比叡山にのぼって菩薩戒を受け、講師円宗《えんしゅう》について天台を学んだ。永仁五年（一二九七）冬、京都において瑩山禅師に相見し、そののち正安元年（一二九九）の春、加賀大乗寺に参上し、瑩山禅師のもとで衣を更えて禅に帰依したのである。こうして峨山禅師は瑩山禅師を正師《しょうし》と仰ぎ、日夜弁道《べんどう》に精進するに至った。

ある日、峨山禅師は瑩山禅師に対して「一気の通ぜざる処（絶対の境地）は、什麼《いんも》としてか道《い》い難き」と問うた。瑩山禅師は、「也《ま》た、道《い》うことは道《い》わじ、道わじ」と答えるだけだった。そこで師がただちに問い返えそうとすると、瑩山禅師は「不是なり（いけない）」と叱って退出させたのである。だが峨山禅師はこのとき省悟するところがあったようである。その後の峨山禅師は得悟《とくご》（悟りを得ること）を誇って意気軒昂たるものがあり、いささか増上慢《ぞうじょうまん》の気位があった。この様子をご覧になっ

た瑩山禅師は、ある月の出ている夜、峨山禅師に対して、

爾《なんじ》、月に両箇《りょうこ》有るを知るや。

と問うた。師は返答につまり、

不是なり（知りません）。

と答えるほかに術がなかった。そこで瑩山禅師は、

月に両箇有ることを知らざれば、洞上（曹洞宗）の種草《しゅそう》と成ること能わず。

と教戒《きょうかい》〔誡め諭すこと〕したのである。

峨山禅師は自らの未熟を恥じてその後さらに厳しい弁道工夫に励んだ。こうして正安三年（一三〇一）十二月二十三日の夜半、禅師は「心身湛寂《たんじゃく》、物我俱忘《もつがぐもう》」の境地に入り、瑩山禅師の一弾指《だんし》を受けて豁然《かつねん》と大悟したのである。峨山禅師が瑩山禅師の御前で礼拝すると、瑩山禅師はさらに釣語《ちょうご》（教えいましめの語）を与えて、

石女《せきじょ》の蛇を胎《はら》める意旨は作麼生《そもさん》。

と大悟の境地を商量《しょうりょう》〔問答し見極める〕した。峨山禅師は、

昔年、石の蛇を胎めるを憶得せるも、今日は、正に蛇の石を胎めるを看《み》る。

と答えた。かくて師は、吾我《ごが》を離れ、絶対と相対の差別観を超え、しかもこれに執われない任運無作《にんうんむさ》、円融無碍《えんゆうむげ》の境地に到達したのである。

その後、峨山禅師は徳治元年（一三〇六）諸国遍歴の途につき、修行の末、延慶元年（一三〇八）に大乗寺に帰山し、瑩山禅師のもとで監寺《かんす》（寺院の統括を行う役）の役をつとめた。また文保元年（一三一七）の禅師の永光寺開創にあたっては都寺《つうす》（寺院の統監の役で監寺の上位）の役をつとめるなど教団運営の片腕となって活躍した。かくて元応三年（一三二一）、永光寺において瑩山禅師より戒脈《かいみゃく》（釈尊から戒を受ける者までの系譜）および「仏祖正伝菩薩戒作法」一巻を授けられ、また首座《しゅそ》として秉払《ひんぽつ》（法を説くこと）を行なった。その後、元亨四年（一三二四）五月、前述したように總持寺僧堂が建立されるや、永光寺首座として瑩山禅師に従い衆僧二十人を率いて開単式に臨んだ。そして七月七日、瑩山禅師の請によって新命《しんめい》（新しく任命された住職）として總持寺に晋山《しんさん》（寺に進むことで、正式に住職に就任すること）することになったのである。こうして興国三年（一三四二）には永光寺住職をも兼任し、永光寺の安国寺・利生塔《りしょうとう》の建立に尽力した。

峨山禅師は瑩山禅師の玄風《げんぷう》とともに道元禅師の高風《こうふう》を慕った。正平九年（一三五四）、南朝方の帰依僧孤峰覚明《こほうかくみょう》の斡旋で瑩山禅師に仏慈禅師《ぶつじぜんじ》の諡号《しごう》が下賜されることになったが、峨山禅師は「永平開闢いらいかつてないことであり、先師の冥慮も計りがたいから」と言って辞退し、権門勢家《けんもんせいけ》に傾かぬ洞上の玄風を堅持したのである。

正平二十一年（一三六六）、峨山禅師は九十一歳の年を迎え、老衰のため養寿院に退き、總持寺の後席を法嗣の太源宗真《たいげんそうしん》和尚に譲った。かくてこの年の十月二十日、合成《ごうじょう》皮肉《ひにく》、九十一年。
夜来旧《ふる》きに依って、身を黄泉に横《よこた》う。　（原漢文）

の遺偈《ゆいげ》を書して入滅したのである。

峨山禅師は瑩山禅師の遺志を体して弟子の養成に努め、總持寺の輪住制度を確立し、また洞上五位の思想を独自に唱道〔教えを唱え演説すること〕し、教団組織と思想の両面から總持寺教団、ひいて曹洞宗教団大発展の基礎を磐石のものとしたのである。

2　總持寺輪住制度の成立

峨山韶碩禅師は、弟子の育成に畢生の努力を尽くし、ここにいわゆる峨山の二十五哲が輩出した。中でも太源宗真《たいげんそうしん》（―一三七〇）、通幻寂霊《つうげんじゃくれい》（一三二二―九一）、無端祖環《むたんそかん》（―一三八七）、大徹宗令《だいてつそうりょう》（一三三三―一四〇八）、実峰良秀《じっぽうりょうしゅう》（一三一八―一四〇五）の五名は峨山の五哲と称せられた。この五哲は、總持寺の山中にそれぞれ普蔵院《ふぞういん》、妙高庵《みょうこうあん》、洞川庵《とうせんあん》、伝法庵《でんぽうあん》、如意庵《にょいあん》の五院を開き、互いに協力して曹洞宗教団の本山としての總持寺の運営、教団の発展に努力したのである（補注4）。この五院というのは本尊釈迦牟尼仏を安置してある寺院というのではなく、瑩山禅師の塔所《たっしょ》を守る塔頭《たっちゅう》の性格をもったものなのである。

ところで峨山禅師は康安二年（一三六二）二月九日、置文《おきぶみ》を示し、その中で

總持寺未来住持職ノ事

右彼ノ寺ハ瑩山和尚詔碩ニ譲与スル処ナリ。仍テ後代ノ住持職ニ於テハ、詔碩法嗣ノ中ニ於テ、器用ノ仁ヲ選ビテ住持職ヲ補スベシ。末代ニ於テ此ノ旨ヲ守リ住持スベキノ状件ノ如シ。

（原漢文）

と述べ、また貞治三年（一三六四）十二月十二日の「總持寺山門住持職ノ事」の置文の中では、「遺《ゆい》誡《かい》」として

詔碩門下嗣法ノ次第ヲ守リ、五箇寺住持スベシ。若シ此ノ中山門廃スル者有ラバ、法眷等相寄テ之ヲ評定スベシ。仍テ後証ノ為メ、垂示件ノ如シ。

（原漢文）

と誡しめている。これらの置文は、峨山禅師が總持寺の将来について住職としてまた門弟として守るべき教誡を示したものである。すなわち禅師は總持寺の将来について、㈠その住持職につくものは峨山禅師の法嗣であってその任に堪える「器用ノ仁」でなければならないこと。㈡門下の法嗣の順序にしたがって五院の住持が總持寺に輪住すべきこと。㈢總持寺教団の興廃に関する重要なことがらについては法類〔同じ法を受けたグループ〕が合議して定むべきことなどを垂示したのである。これは、前に述べた瑩山禅師が永光寺山内の四院に対して輪番制度を定めたのをさらに大きく制度的に明文化して発展させたもので、この總持寺教団のいわゆる輪住制度がさらに曹洞宗教団に広く及び教団の大発

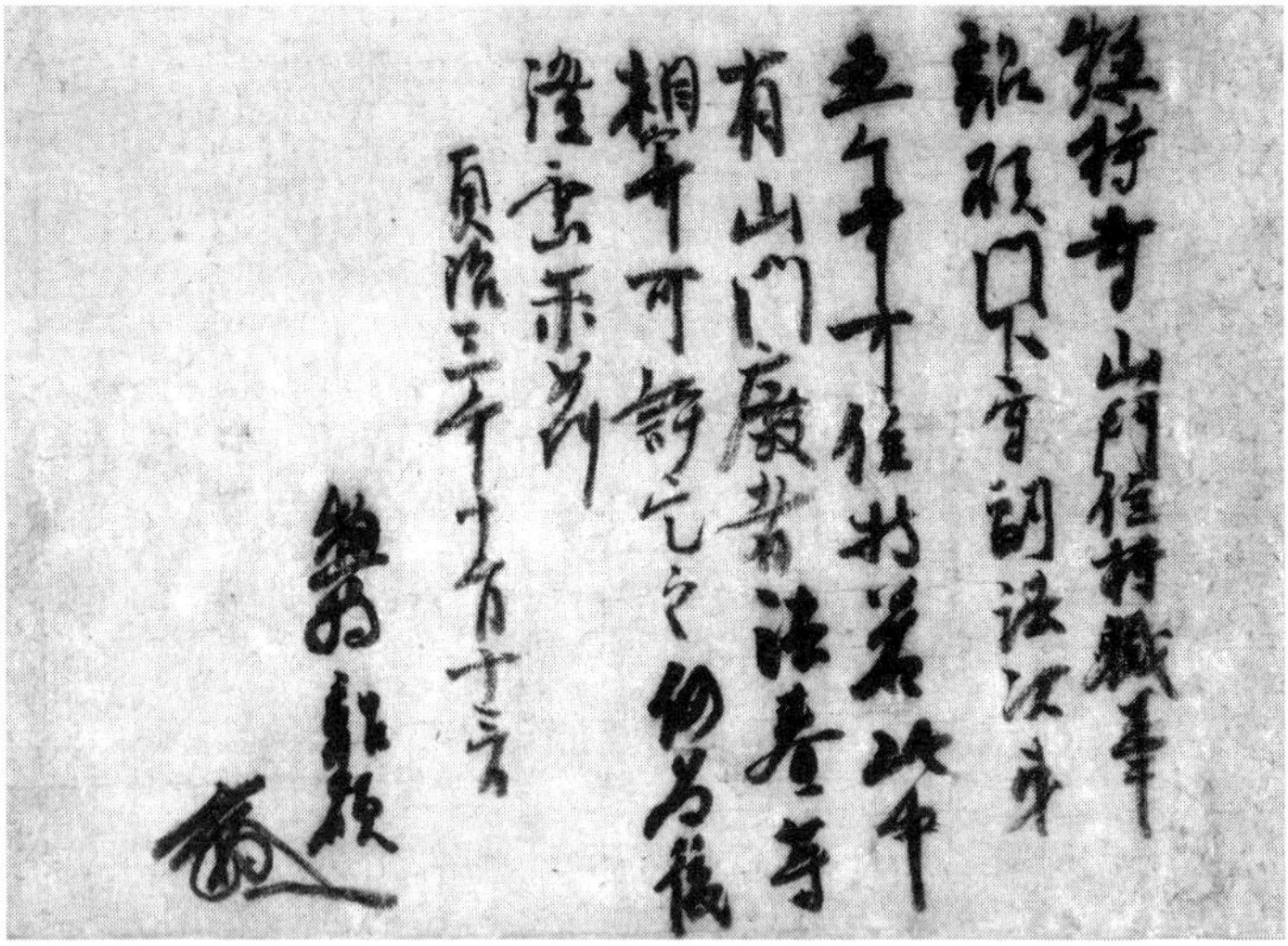

10 －「峨山禅師置文」

展の原動力となったのである。

思うに峨山禅師が輪住制度を定めた最大の目的は曹洞宗教団の本山であり曩祖《のうそ》の塔廟《とうびょう》である總持寺を永久に護持し、発展させるにあった。その為、何といっても最も大切なのは道元禅師から瑩山禅師、峨山禅師そして自己へと法灯を嫡々継承しきた児孫《じそん》たちの愛山護法の信念である。すなわち道元、瑩山両禅師、そして本山に対する揺ぎなき信仰と敬慕の念、それにともなう本山の護持・発展に対する児孫としての自覚と責任感、そして児孫間の道交《どうこう》を介しての「乳水の如き」和合こそ本山を中心にした教団の護持・発展の源泉をなすものである。このような大本山の護持・発展の源となる純粋な信仰と責任感と和合を生み出すためには、この輪住制度はまことに格好な制度と言ってよかった。すなわちこの輪住制度の成立によって本山護持の栄誉と責任が一部の者に専有されることなく、児孫の中の有能な人物に分配されることになり、總持寺教団全体がいやがうえにも活況を呈するようになったのである。しかもこの輪住制度は一つの合議制度をなしていて、總持寺教団に関する重要事項はすべて五院の協議によって決定されたのである。總持寺文書の大半はその最後に「仍《ツテ》聯判如《シ》レ件」とか、「仍《ツテ》評定如《シ》レ件《ノ》」と記されている。したがって教団の運営について一箇寺院や一住職のみの裁量による独断は許されない仕組になっているのである。

以上のような總持寺教団の輪住制度は、峨山禅師の晩年に定まったのであるが、禅師の滅後、五哲をはじめその法嗣たちによって不動のものとなったのである。

（補注４）五院の成立は、峨山禅師が亡くなられてから二十年以上経て、段階的になされたと考えられている。また、「置文」に書かれる「五箇寺」は「五箇年」の読み誤りと思われる。これらより、峨山禅師が五哲・五院を指名し、後事を託したとは考えにくい。

3　洞上五位思想と日本曹洞禅の成立

五位思想の導入

このように瑩山禅師に始まって峨山禅師によって制度的に定まった輪住制度は、總持寺教団発展の基礎となったが、さらにその発展を強靱なものにしたのは、教義、思想の面の時代的展開であった。

瑩山禅師は大乗菩薩道の立場から道元禅の民衆化をはかり、祈禱や民間信仰を包容して時代的に展開させたが、峨山禅師は、道元禅師の只管打坐の立場を堅持しつつ、瑩山禅師の民衆化運動をさらに推し進めたのである。すなわち峨山禅師は、道元・瑩山両祖の禅風の中に、中国曹洞禅の五位思想を大胆にとりいれ、教化の手段とするにいたった。

ところでこの五位思想とはどういう思想なのであろうか。

そもそもわが宗門の曹洞宗の宗名は、釈尊以下達摩大師への正法をさらに綿々と受けついだ六祖曹渓山大鑑慧能禅師の曹とその正法禅を継承しさらに理論をもって体系づけた洞山良价禅師の洞をとって曹洞宗と名づけられたものである(補注5)。この洞山禅師がその弟子曹山本寂《そうざんほんじゃく》禅師と共に釈尊―達摩―慧能と継承してきた正伝の仏法の境地を一つの理論をもって組立て学人を教化する機関（方便）としたのが五位思想である。この五位思想は、洞曹《とうそう》五位説とも曹洞《そうとう》五位説とも呼ばれているが、宗門においては一般に洞上《とうじょう》五位説と呼び、これを正偏《しょうへん》五位説と功勲《こうくん》五位説に分けて学人の接得・教化の方便として用いられてきた。

禅は一般に行《ぎょう》の宗教といい体験の宗教といわれる。しかし行ないし体験と共に教義と思想がこれにともなわなくては正法禅《しょうぼうぜん》とは言いがたい。正しい思想と行動が両々あいまって渾然と一如するところに初めて人格の完成は期しえられるのである。洞山禅師は思想と行動が分離し、むしろ正しい仏教思想を軽視した当時の禅林の風潮を歎いて、当時社会一般に流行していた易学や儒学を応用して正しい仏教思想、禅の思想を説いたのである。

（補注5）曹洞宗の名称は、洞山良价の洞と、その弟子の曹山本寂の曹に基づくという説と、曹渓慧能の曹と、洞山良价の洞に基づくという説がある。前者は、中国より伝えられるもので、後者の説を主張するのは、日本だけである。

正偏五位説

まず五位思想の一翼としての正偏五位説とは、宇宙の真理、人間界の実相を認識論的な世界観と宗教的人生観から次の五つに分けて説いたものである。

㈠正中偏《しょうちゅうへん》——平等中の差別の意。正《しょう》とは正法、真如平等《しんにょびょうどう》の理法で、偏《へん》とは差別、現実界の義であり、中とは相即《そうそく》、相融《そうゆう》の意である。この句の意味は、宇宙の真理＝法は本来無一物で平等ではあるが、それは眼前の個々の事象の中にそのまま具現されているのであり、また宇宙の真理をさとった釈尊の正覚《しょうがく》（さとり）の境界も煩悩具足《ぼんのうぐそく》の凡夫《ぼんぷ》である人間の身心にそのまま体現しうるものである、というのである。

㈡偏中正《へんちゅうしょう》——差別中の平等の意。これは㈠の正中偏の真理を逆に偏の立場から言ったもので、個々の現象界の中には全て本来平等の宇宙の真理が含まれており、人間界においては、煩悩具足の凡夫である私どもの身心を除いて外に仏陀の正覚が現前しうる場はありえない、という意味である。

以上のような正と偏との関係は相依相関、相即相融の関係というべく、このような両者の関係を五位説では「回互《えご》」というのである。

㈢正中来《しょうちゅうらい》――平等の真理＝法の絶対の意。この意味は、正中偏・偏中正という平等と差別の相即関係の中にあって、しかも宇宙の真理は宇宙の真理＝法であってそのまま絶対である、というのである。釈尊と迦葉《かしょう》尊者との拈華微笑《ねんげみしょう》の世界、達磨《だるま》大師の廓然無聖《かくねんむしょう》、不識《ふしき》の世界、道元禅師の身心脱落《しんじんだつらく》の世界、これらはすべて正中来を示し、何ものとも妥協を許さない、端坐参禅《たんざさんぜん》を正門《しょうもん》〔正しい入口〕とする法そのままの絶対の世界である。

㈣偏中至《へんちゅうし》――差別の絶対の意。この意味は、現実の現象界そのものはそのまま絶対の存在であり、人間の日常茶飯の生活、これこそかけがえのない絶対今の尊い現実であるというのである。道元禅師が「眼横鼻直《がんのうびちょく》を認得して人瞞《にんまん》を被《こうむ》らず」と言い、瑩山禅師が「茶に逢うては茶を喫し、飯に逢うては飯を喫す」と示した心境はこの偏中至を示し、現実日常の生活になりきり、そこから真如仏法《しんにょぶっぽう》の世界を知らしめようというのが偏中至の立場である。

この正中来と偏中至の関係はお互いに絶対独立の立場であって他の介入を許さないものである。この関係を五位説では「不回互《ふえご》」というのである。

㈤兼中到《けんちゅうとう》――前述の四位の総体融合の意。兼とは、ふたつながらかねそなえ、いずれをも有する意であり、前二位の正中偏・偏中正の回互の立場を指し、到とは、究竟《くきょう》、絶対の意であって後二位の正中来・偏中正の不回互の立場をいう。兼中到の意味は、正中偏・偏中正の回互と正中来・備中至の不回互とが相即相融の関係において交渉・融合する位をいうのである。すなわち理論と実際との調和、思想と行動との一致、法と人との一如《いちにょ》の境地を説こうとする立場であり、この位は言語分別を超越している境地で任運自在《にんうんじざ》、円融無碍《えんゆうむげ》の妙用《みょうゆう》を時処に応じて発揚できる境界である。

以上が正偏五位説の概略である。

功勲五位説

次に洞上五位説の他の一翼である功勲五位説とは、主として仏教の実践的面から学人の修行の方法、階程、修証《しゅしょう》（修行と悟り）の内容等を五つの段階に分けて示し接得・教化の効果を期そうとしたものである。功勲とは実践の効能、修養の効果、てがらをいい、もともと禅の立場は道元禅師のいわれるように修証一如の立場であって、修証に段階をつけるべきではないが、禅観修行が無階程であるため、学人の中には悪平等に堕して向上心を失う恐れなしとしないので、ここに次のような功勲五位説がたてられたのである。

〔第一位〕向《こう》――趣向または帰向《きこう》であって仏法の存在を確信し、仏道に向かって発心《ほっしん》した位。

〔第二位〕奉《ぶ》――華順、奉行《ぶぎょう》の意で、仏法を奉じて専一に参禅弁道に励む位。

〔第三位〕功《こう》──学道精進《しょうじん》の功があらわれ一切の煩悩を解脱《げだつ》して仏智を開顕《かいけん》した位。

〔第四位〕共功《ぐこう》──一切の煩悩・妄見の透脱《とうだつ》の上に立って迷悟《めいご》・凡聖《ぼんしょう》が共同一如し、衆生界《しゅじょうかい》にあって共に仏道を行じて退転しない功であるが、なお大悟に停滞している位。

〔第五位〕功功《こうこう》──功の極位をいい、迷悟・凡聖の一切を透脱した任運無作《にんうんむさ》、円融無碍《えんゆうむげ》の法界にある修行の位。

以上が正偏五位説と功勲五位説の内容の概略である。洞山禅師はこの両者を合わせた洞上五位説を機関として、行と教義、行動と思想の両面より学人の接得・教化にあたったので、正伝の仏法としての中国曹洞禅は魅力ある禅として広く人びとの間にひろまり、また長くその命脈を保って、道元禅師によって日本に伝えられたのである。

日本曹洞禅の成立

しかし長い禅宗史上において洞山禅師の洞上五位の思想もその本来の意味を失って形骸化し、いたずらに禅の理論を弄ぶ傾向に堕していったので、道元禅師は正伝の仏法の本旨が失われ、かつ誤解されるのを憂えて洞上五位説を歓迎しなかったのである。だが峨山禅師の時代になると道元禅の本旨は法孫〔法を受け継いだ子孫たち〕の間に浸潤して牢固たる根をおろしていたから、誤解される憂えもなくなっていた。いっぽう峨山禅師およびその五哲たちの南北朝時代は、儒学や易学が盛んに流行した時代であったから、道元禅の立場を当時の学人や武士の間に弘めるためには、儒学や易学を応用して正しい仏法の立場を説く洞上五位説によって接得・教化にあたることが最も効果的であったと考えられる。また身分・階層を重視する当時の封建社会においては、この洞上五位説は受容される要素を多分に持っていた。こうした意味から峨山禅師およびその法孫たちは、洞上五位説を体認してこれを接化の機関とし、縦横に道元禅の宣布・発揚に活躍したのである。

ところで、峨山禅師は前述した洞山禅師の中国曹洞禅の五位思想の本旨を継承しつつ、さらに一歩を進めて自己の立場を確立するに至った。すなわち峨山禅師は、前述の中国曹洞禅の五位説・正中偏・偏中正・正中来・偏中至・兼中到の五項の順位のうち、偏中至・兼中到を兼中到・兼中至と改め、峨山禅師独自の立場を確立し、提唱されたのである。この峨山禅師の立場は、偏中至の、差別を絶対とする見方を退けて、その代りに兼中到として前三位の総体融合を四位に配し、最後に新たに兼中至を五位に配し、窮極においてこの立場を最も重視する立場を樹立されたのである。すなわちその立場は、総体融合の現実をそのまま絶対の存在として認識し、その現実に営まれている日常生活に即して仏法を行じ、しかもこうした意識さえ超えた任運無作の立場であったといえよう。

以上のようにして峨山韶碩禅師によって、中国の洞上五位説を超えた独自の日本曹洞禅が成立したのである。そしてこの立場が峨山の二十五哲といわれる多くの弟子たちに継承され、この教義・思想を接得・教化の機関として、前に述べた輪住制度の確立とあいまって總持寺教団は隆々たる発展をとげるに至ったのである。

4　總持寺教団の活動と発展

峨山の五哲と法嗣たち

總持寺教団発展の源泉は、制度的には輪住制度であり、思想的には洞上五位思想であるが、その制度を実際に運営し、その思想を体得して行動し、道元・瑩山両祖の宗教を広く民衆の間に弘めたのは、峨山禅師の法嗣たちがその主流であった。中でも前述したように太源宗真《たいげんそうしん》、通幻寂霊《つうげんじゃくれい》、無端祖環《むたんそかん》、大徹宗令《だいてつそうりょう》、実峰良秀《じっぽうりょうしゅう》の五哲は教団運営の中心となって活躍した。次にこれら峨山の五哲と法嗣たちについてその概略を述べてみよう。

まず、太源宗真（―一三七〇）は、加賀（石川県）の人で、俗系は明らかでないが、幼年より抜群の才を示し、脱俗の気概があった。出家・剃髪の後、總持寺峨山禅師に参じ、日夜、参禅学道に励み、正平四年（一三四九）六月一日、徹悟《てつご》し、峨山禅師の法を嗣いだ。正平二十一年（一三六六）、峨山禅師示寂のあと總持寺の三代位に就位し、師の衣鉢《えはつ》を継承して曹洞禅の民衆化運動に尽力した。ある日、太源和尚は上堂《じょうどう》して、

洞上の宗乗は、五位を以て事理を究め、君臣を以て上下を分つ。然も恁麼《いんも》なりと雖も回互転変《えごてんぺん》の

11 －『住山記』

機無くんば、即ち卻《かえっ》て乃祖《だいそ》の旨を失ふ

（『延宝伝燈録巻第七』原漢文）

と法語を述べた。この法語の中に見られる洞上五位思想こそ前述したように当時の曹洞禅の祖師たちの行動原理となったのである。

その後和尚は永光寺《ようこうじ》に進住し、また總持寺山内に塔頭《たっちゅう》普蔵院《ふぞういん》を開いて、しばしば總持寺に上山《じょうざん》〔寺院に伺うこと〕し、五哲の上足《じょうそく》〔弟子の中でも優れたもの〕として評議に参画し、總持寺教団の運営にあたった。晩年は加賀に仏陀《ぶつだ》寺《じ》を開いてそこに住した。嗣法の弟子には梅山聞本《ばいさんもんぽん》をはじめ、幻翁碩寿《げんおうせきじゅ》・了堂直覚《りょうどうしんかく》・江月尼《こうげつに》・満菴尼《まんあんに》の五人があり、以後これらの児孫によって、太源派は四千三百余カ寺の大門派として大発展をとげるに至った。

次に通幻寂霊（一三二二—九一）は、豊後（大分県）の出身で俗姓は藤原氏。幼にして聡敏で博く経史《けいし》に通じ俗に混ずることを嫌った。十七歳のとき同国の大光寺の定山のもとで剃髪、名を寂霊と称し、翌年筑前（福岡県）観世音寺で具足戒（僧侶の守るべき戒法）を受けた。興国元年（一三四〇）、加賀大乗寺に掛錫《かしゃく》し、明峰禅師に参じ、その修行ぶりが抜群であったので、〝精進幢《しょうじんとう》〟と推称された。次いで正平七年（一三五二）、三十一歳の春、總持寺峨山禅師の「高古」なる道風を慕って礼謁《れいえつ》し、ついに正平十一年（一三五六）、禅師の身心脱落《しんじんだつらく》の話《わ》を挙《こ》するを聞いて忽然として大悟した。入室して峨山禅師より問われる応答は流れるごとく適確であった。かくて通幻和尚は峨山禅師の法を嗣ぎ、加賀に聖興寺《しょうこうじ》を開き、ついで正平二十三年（一三六八）總持寺に昇住し、寺内に塔頭妙高庵《みょうこうあん》を開いた。建徳元年（一三七〇）には他の峨山の四哲と共に「峨山門派の衆總持寺住番の事」を評議して定め、ついで細川頼之《ほそかわよりゆき》の外護を受け丹波（兵庫県）西南境に永沢寺《ようたくじ》を開創した。和尚は永沢寺に機峰峻烈な法幢《ほうどう》を樹立し学人の接得育成に努めた。師は学人が文句義解にとらわれて正道を誤ることを患い、五日に一回は堂を捜し、書籍あらばすぐさま焼却させた。これを文字点検と言っている。また僧堂前に活埋阬《かつまいきょう》と呼ばれる穴を掘り、新到《しんとう》の志の至らぬ者はその中につき落した。また通幻和尚は峨山禅師の法嗣の中から本師の遺誡に背く者を擯斥《ひんせき》し、洞上の玄風の維持、振興を期した。これを同門沙汰と言っている。通幻寂霊の家風はこのように厳烈を極めたから、永沢寺には法の為に身命をなげうとうと志す者のみが集まった。かくてこの厳烈な通幻派の道風は、後世、洞門の勢力を折半する八千余カ寺の大門派を形成するに至ったのである。

通幻和尚は、大胆不敵、洞門随一の辣腕家《らつわんか》といわれたが、一面、容貌温和、喜怒色にあらわさず寛厳よろしきを得た大人格者であった。天授四年（一三七八）十月二十三日、和尚は無端祖環ら法弟及び同門の禅侶と相議し、總持寺をもって永光寺の本寺と定め、ついで天授六年（一三八〇）には、總持寺仏殿を上棟し、開山瑩山禅師忌、二祖峨山和尚忌には總持寺門下の僧衆は必ず出仕すべきことを連署をもって誓約せしめた。かくて師は弘和二年（一三八二）八月二十三日、總持寺五世に就位し、晋山入寺・祝国開堂の儀を挙げ、その後も着々と總持寺教団の充実をはかり、元中七年（一三九〇）には、「總持寺《そうじじ》尽未来際《じんみらいさい》条々《じょうじょう》置文事《おきぶみのこと》」を議定し、總持寺輪住交代に関する詳細な条項を規定した。

いっぽうこの間に通幻和尚は、弘和三年（一三八三）近江（滋賀県）に総寧寺を、元中三年（一三八六）越前に龍泉寺を開創しその開山第一世となった。晩年は總持寺山内の塔頭妙高庵に退いたが、元中八年（一三九一）龍泉寺に赴き、五月五日、ここで遷化した。師の法嗣には相模（神奈川県）最乗寺開山了菴慧明《りょうあんえみょう》をはじめ石屋真梁《せきおくしんりょう》・普済善救《ふさいぜんきゅう》・天真自性《てんしんじしょう》・天鷹祖祐《てんようそゆう》など幾多の俊英が輩出し、通幻派は峨山門下最大の門派として全国的に発展をとげた。

次に無端祖環（―一三八七）は、能登（石川県）の人で、幼年にして大乗寺に瑩山禅師について得度し、のち峨山禅師の門に投じて契悟《かいご》〔悟りを開くこと〕した。その後、總持寺山内に洞川庵《とうせんあん》を開いたが、北朝・応安年中總持寺七世に就位し、他の四哲と共に教団の運営と発展に尽くし、のちに越前祥園寺の開山となった。嗣法の弟子に總持寺十三世となった瑞岩韶麟《ずいがんしょうりん》があり、無端派の教線は主として越前・能登・石見の諸国を中心に伸張した。

次に大徹宗令（一三三三—一四〇八）は肥前（佐賀県）の出身で、出家後、峨山禅師に参じ刻苦修行してその法を嗣いだ。北朝・永和年間（一三七五—八）總持寺八世に就位し、その後も再住し、他の法嗣たちとともに總持寺の重要会議に参画し教団の運営に努力した。いっぽう美濃（岐阜県）に妙応寺、越中（富山県）に立川寺《りゅうせんじ》等を開創し、弟子の養成・教化に専念した。師は足利義満の帰依を受けたが、晩年は立川寺に退き、応永十五年（一四〇八）一月二十五日遷化した。法嗣には竺山得僊《じくさんとくせん》、日《にっ》山良旭《さんりょうぎょく》、天巌宗越《てんがんそうおつ》等二十余名におよび、その法孫も多く、大徹派の教線は越中を拠点にほとんど全国に波及している。

次に実峰良秀（一三一八—一四〇五）は、能登（あるいは京都といわれる）の人で、俗系は不詳。生来鋭敏で博く読書し、たまたま「十牛《じゅうぎゅう》の図」を見て禅に志し出家したといわれる。諸国遍参ののち再度の峨山禅師との相見によって契悟した。その後、十余年の間、峨山禅師のもとで服勤し、禅師の指示により養寿院《ようじゅいん》に住し、僧俗の帰依する者多く、のち能登の定光寺の開山第一世となった。また備中（岡山県）に那須氏の外護により永祥寺《えいしょうじ》を開創して山陽地方の曹洞禅発展の拠点をきずいた。いっぽう実峰和尚は總持寺の蔵主《ぞうす》・維那《いの》・書記《しょき》などの役職をつとめ、北朝・永和年間には總持寺九世に就位し、教団の運営に尽くした。晩年は永祥寺に退いたが、応永十二年（一四〇五）六月十二日、ここで坐化《ざけ》〔坐禅したまま亡くなること〕した。師の語録はさかんに世に行われ、嗣法の弟子には、悦堂《えつどう》常喜《じょうき》・明窓明光《みょうそうみょうこう》をはじめ逸材が多く、実峰派の教線は、中部・四国地方を中心としてさらに近畿・

九州地方にまで及んでいる。

以上の峨山の五哲のほか峨山禅師の法嗣として注目すべき祖師は無底良韶《むていりょうしょう》と源翁心昭《げんのうしんしょう》であろう。

無底良韶（一三一三―六一）は、能登の出身で、若くして世を厭い、二十二歳の時、永光寺に明峰禅師について得度したが、のち總持寺峨山禅師に参じ、興国二年（一三四一）七月十日、禅師のもとで契悟し嗣法した。のちに陸奥（岩手県）に赴き、長部《おさべ》・黒石《くろいし》両氏の外護を受け、黒石に正法寺《しょうぼうじ》を開創した。学人は師の道風を慕って参集し、衆僧千人に及んだという。のち正平十年（一三五五）、峨山禅師の懇請によって能登永光寺の八世に就位したが、翌年正法寺に帰山し専ら弟子の養成に専念し、正平十六年（一三六一）六月十四日、泊然《はくぜん》として遷化した。

無底和尚の開創した正法寺は、正平五年（一三五〇）五月六日、北朝より奥羽二州の僧録、曹洞第三の本寺、賜紫出世の道場たるの綸旨を賜わり、嘉吉元年（一四四一）五月七日にも奥羽西国諸末寺出世道場に定めるとの綸旨を賜わり、「扶桑曹洞第三の本寺」として總持寺教団から独立した地位を奥州の天地に占めるに至った。

次に源翁心昭（玄翁玄妙ともいわれる、一三二九―一四〇〇）は越後（新潟県）の出身で俗姓は源氏。五歳で出家し、十六歳で受戒し広く経論を究め、十九歳のとき總持寺峨山禅師に謁し、「機語相契」してその法を嗣いだ。のち禅師のもとを辞して伯耆（鳥取県）に至り、保長《やすなが》忠敦の外護によって正平十二年（一三五七）退休寺《たいきゅうじ》を開き、山陰における曹洞禅の最初の拠点をつくった。その後きびすをかえして東国に至り、下野に正平十五年（一三六〇）泉渓寺《せんけいじ》、建徳二年（一三七一）に安穏寺《あんのんじ》を開き、ついで奥州に入り会津に慶徳寺《けいとくじ》を建て、また天授元年（一三七五）四月十五日、示現寺《じげんじ》を開創した。この頃、下野の那須野が原に毒石があって近づくものは全て斃れたので世に殺生石《せっしょうせき》といわれて恐れられていたが、元中二年（一三八五）八月、源翁和尚はこの石霊を度脱《どだつ》したということでその名声はいちやく国内に高まった。足利義満は和尚の名声をきいて泉渓寺を復興し師を再住させ、また後小松天皇は勅して能照法王禅師の号を下賜されたといわれる。泉渓寺の源翁和尚の会下には衆僧常に五百人を下らず、洞上の玄風は師によって大いに宣揚された。晩年は示現寺に退き、応永七年（一四〇〇）一月七日示寂した。師は二回にわたって總持寺教団より擯斥《ひんせき》を受けたが、これは師の東西にわたる縦横無尽な活動のため本山に昇る暇なく、ために通幻派によって祖訓に違うものと判ぜられたのであろう。

さて曹洞禅は以上のような峨山禅師の五哲およびその法嗣たちを中心にした總持寺教団によって全国的に教線が拡大された。そして教線拡大のためにとられた第一の方法は、寺院の建立・開創であった。かくてこれらの寺院が拠点となり禅侶の育成、民衆の教化運動が実践されたのである。

總持寺直末三十六門

そこでまず總持寺教団において曹洞禅の地方発展の拠点になった寺院はどこかというに、それは瑩

總持寺直末三十六門　地方別分類表

地方	国名	寺院名	開山	計
東北	陸奥　黒石	正法寺	無底良韶	一三
	〃　三春	龍穏院	月泉良印	
	〃　永徳寺	永徳寺	道叟道愛	
	〃　熱塩	示現寺	源翁心昭	
	〃　中寺	常在院	〃	
	〃　黄牛	音声寺	竺源超西	
	〃　南沢	長谷寺	〃	
	出羽　松原	補陀寺	月泉良印	
	〃　大山	正法寺	源翁心昭	
	〃　山田	最禅寺	〃	
	〃　尾落伏	永泉寺	〃	
	〃　黒滝	向川寺	大徹宗令	
	〃　半郷	安養寺	無着妙融	
関東	常陸　宍戸	龍穏寺	月泉良印	三
	下野　烏山	泉渓寺	源翁心昭	
	下総　国府台	総寧寺	通幻寂霊	
北陸甲信越	能登　酒井	永光寺	瑩山紹瑾	五
	越中　寒江	自得寺	無際純証	
	〃　眼目	立川寺	大徹宗令	
	越前　府中	龍泉寺	通幻寂霊	
	信濃　大町	霊松寺	実峰良秀	
東海	美濃　今須	妙応寺	大徹宗令	一
近畿	近江　寺倉	総寧寺	通幻寂霊	五
	摂津・丹波　境	永沢寺	〃	
	摂津　吹田	護国寺	大徹宗令	
	伊勢　羽津	正法寺	実峰良秀	
	〃　四日市	建福寺	竺堂了源	
中国	備中　道祖児	永祥寺	実峰良秀	五
	美作　高田	化生寺	源翁心昭	
	伯耆　中山	退休寺	〃	
	〃　米子	総泉寺	実峰良秀	
	石見　三隅	龍雲寺	無端祖環	
九州	豊後　横手	泉福寺	無着妙融	四
	肥前　久池井	玉林寺	〃	
	〃　黒岩	医王寺	〃	
	薩摩　谷山	皇徳寺	無外円照	
計				三六

（竹内道雄『曹洞宗教団史』より）

山・峨山両禅師およびその直嗣者が開創した總持寺直末三十六門といわれる三十六カ寺の寺院である。すなわちそれは、東北地方においては、前述した無底良韶の開いた陸奥黒石の正法寺、源翁心昭開創の陸奥熱塩の示現寺、月泉良印《げっせんりょういん》開創の出羽松原の補陀寺《ほだじ》、大徹宗令開創の黒滝の向川寺以下十三カ寺、関東地方においては源翁心昭開創の下野烏山の泉渓寺以下三カ寺、北陸甲信越地方においては瑩山禅師開創の能登酒井の永光寺、大徹宗令開創の越中眼目《さっか》の立川寺、実峰良秀開創の信濃大町の霊松寺《れいしょうじ》以下五カ寺、東海地方においては美濃今須の大徹宗令開創の妙応寺、近畿地方においては摂津・丹波境の通幻寂霊開創の永沢寺、竺堂了源《じくどうりょうげん》開創の伊勢四日市の建福寺以下五カ寺、中国地方においては源翁心昭開創の伯耆中山の退休寺、無端祖環開創の石見三隅の龍雲寺以下五カ寺、九州地方においては無着妙融《むちゃくみょうゆう》開創の豊後横手の泉福寺、無外円昭《むがいえんしょう》開創の薩摩谷山の皇徳寺《こうとくじ》以下四カ寺である。以上を地方別に表にすると右のようである。

これらの直末寺院は東北地方に圧倒的に多いが、これは、峨山禅師の五哲以外の直嗣者が五哲の教線拡大地である東海・北陸甲信越地方をさけてこの地方に進出したためであろう。

輪番地寺院

總持寺直末三十六門は總持寺教団発展の最初の拠点となったが、それより以上に教団発展の中核となって目覚しい活動をしたのが、輪番地寺院である。輪番地寺院というのは、總持寺教団の輪番制度

寺院数分布表　　**ゴシック**＝輪番地寺院　（　）＝庵末寺院

地方＼五院	普蔵院（太源）	妙高庵（通幻）	洞川庵（無端）	伝法庵（大徹）	如意庵（実峰）	計
東北	**18**(7)	**3**	**34**(3)	**14**(3)	**4**	**73**(13)
関東	**6**(3)	**11**(1)	**9**	**2**		**28**(4)
北陸甲信越	**22**(5)	**35**(5)	**6**(2)	**7**	**16**(4)	**86**(16)
東海	**46**(3)	**15**(2)		**13**(5)	**15**(3)	**89**(13)
近畿	**7**(3)	**11**(1)		**10**(3)	**4**	**32**(7)
中国	**2**	**6**(3)	**2**	**2**	**7**(4)	**19**(7)
四国				**1**(1)		**1**(1)
九州	**2**(2)	**4**(4)		(1)	**5**(2)	**11**(9)
計	**103**(23)	**85**(16)	**51**(5)	**49**(13)	**51**(13)	**339**(70)

によって總持寺山内の五院に輪番する峨山禅師の法孫の営む地方寺院のことである。この輪番地寺院は三百三十九カ寺にのぼり、ほとんど全国に散在している。今、五院の普蔵院（太源）・妙高庵（通幻）・洞川庵（無端）・伝法庵（大徹）・如意庵（実峰）別に各地方に分布している数を表で示せば別表のようになる。

この表でわかるように、輪番地寺院は普蔵院の太源派の寺院が最も多く百三カ寺にのぼって全国におよび、中でも東海地方には四十六カ寺あり、太源派輪番地の約四十五％は東海地方に集中していることが明らかである。次に多いのは妙高庵の通幻派八十五カ寺でほとんど全国に及び、中でも北陸・甲信越地方には三十五カ寺で最も多く、通幻派輪番地の約四十一％がこの地方に集中している。

ついで洞川庵の無端派、如意庵の実峰派はともにそれぞれ五十一カ寺であるが、前者の無端派は東北地方に三十四カ寺が集中していて、そのほか関東・北陸甲信越・中国地方にわずか分布するのみでほかには見られない。後者の実峰派は北陸甲信越地方に十六カ寺、東海地方に十五カ寺があり、ほかは僅少であるが、関東、四国地方を除いて全国におよんでいる。伝法庵の大徹派は四十九カ寺であるが、東北地方に十四カ寺、東海地方に十三カ寺、近畿地方に十カ寺で、ほかは僅少ながら九州地方を除いて全国におよんでいる。

またこの輪番地寺院は地方別にその数の多い順を示すと、東海地方が最も多く八十九カ寺を数え、ついで北陸甲信越地方の八十六カ寺、東北地方七十三カ寺、近畿地方三十二カ寺、関東地方二十八カ寺、中国地方十九カ寺、九州地方十一カ寺、四国地方一カ寺ということになる。

ところで、普蔵院、妙高庵、洞川庵、伝法庵、如意庵の五院が總持寺に輪住する任期は、元中七年（一三九〇）通幻、大徹、実峰三師の協議の結果定められた「總持寺尽未来際条々置文事」の中において三カ年（三十七カ月）とされ、その交代期は峨山禅師示寂の忌日十月二十日とされていた。

しかしその後、応永年間の末（十五世紀初め）になると、その交代年限は三カ年から一カ年に改められ、その間に五院の住持が規定にしたがって四人―五人輪住し、それは明応九年（一五〇〇）まで続いたようで文明四年（一四七二）からこの年までの二十九年間に輪住者は百二十一人の多きにのぼったのである。ところが文亀元年（一五〇一）以後になると、一年間の輪住者の数が急にふえて四人―三十二人と変化し、文亀元年（一五〇一）から享禄二年（一五二九）までの二十九年間には輪住者の数は実に五百二十人となり、一年平均十七人の多きにのぼったのである。

このような輪住任期期間の短縮と輪住者の数の増加はいったい何を意味しているのであろうか。もちろんこれは輪住制度の当初の規定が崩れたことを意味しているが、同時にこれは輪住制度の新しい変化・発展であり、また總持寺教団の大発展の反映とみなしてよいのである。すなわち、普蔵院は太源派正住《しゅうじゅう》、妙高庵は通幻派正住、洞川庵は無端派正住、伝法庵は大徹派正住、如意庵は実峰派正住がそれぞれたてまえで總持寺に輪住したが、時代の推移にともない、大徹・実峰両師の児孫《じそん》〔法を嗣ぐ弟子達〕が減少して欠住《けつじゅう》〔住職が居ないこと〕が生じ、これを補うために、五哲以外の児孫が住山《じゅうざん》〔住職に就くこと〕することになり、ここに新たに助住《じょじゅう》制度が生まれたのである。これによって本山への輪住の栄誉と権利が五哲の児孫以外にも広く開放されて、後にはこの輪番はいわゆる門役《もんえき》として義務づけされていった。このことは總持寺教団の地方における量的な発展を物語るとともに、地方末派寺院の本山に対する親近感をいよいよ深め、曹洞宗門人の同心和合を一層促進することとなったのである。

このように輪住制度にもとづく輪番地の活動は總持寺教団の発展途上においてはまことに大きな役割を果たしたのである。しかし地方寺院の布教の地盤が定着してくると、この輪番の門役としての義務づけは、地方寺院にとって却《かえ》って大きな負担となり、その為、活発な地方布教の力がそがれることになった。また本山住職の頻繁《ひんぱん》な交替は教団の円滑な運営をさまたげ、それればかりでなく教団の本山としての總持寺の権威を失墜することにもつながってゆくようになった。こうして總持寺の発展史上注目すべき輪住制度は江戸時代に入ると形式化していったのである。

庵末寺院

次に總持寺教団発展のいまひとつの拠点となったのは庵末寺院である。庵末寺院というのは、五院の開基、太源・通幻・無端・大徹・実峰各師の直嗣者《じきし》の開創した道場・寺院をいうのである。これは本山の總持寺から見れば法孫寺《まごでら》であり、總持寺直末三十六門から見れば法甥寺《おいでら》ということになる。これら庵末寺院の数を五院および地方別に分類すると別表のようになる（五十四頁）。

この表によると、庵末寺院は普蔵院末（太源派）が二十三カ寺で最も多いことがわかる。次いで数の多い寺院数からいうと妙高庵末（通幻派）十六カ寺、伝法庵末（大徹派）十二カ寺、如意庵末（実峰派）十三カ寺、洞川庵末（無端派）五カ寺で、庵末寺院は合計七十カ寺である。

次に庵末寺院の地方における大勢を見ると、まず東北地方には、普蔵院末七カ寺、洞川庵末三カ寺、伝法庵末三カ寺、計十三カ寺であってほとんど太源派によって占められている。つぎに関東地方は、普蔵院末三カ寺、妙高庵末一カ寺、計四カ寺で各派とも少ない。北陸甲信越地方は、普蔵院末五カ寺、妙高庵末五カ寺、洞川庵末二カ寺、如意庵末四カ寺、計十六カ寺で他の地方に比べて最もその数が多く、大徹派を除いて各派が分布している。東海地方には、普蔵院末三カ寺、妙高庵末二カ寺、伝法庵末五カ寺、如意庵末三カ寺、計十三カ寺があり、無端派を除いて各派が分布している。近畿地方は、普蔵院末三カ寺、妙高庵末一カ寺、伝法庵末三カ寺で、無端派・実峰派は見られない。中国地方は、妙高庵末三カ寺、如意庵末四カ寺、計七カ寺でほかの庵末は、見られない。四国地方は伝法庵末一カ寺のみである。最後に九州地方は、普蔵院末二カ寺、妙高庵末四カ寺、伝法庵末一カ寺、如意庵末二カ寺、計九カ寺であり、無端派のみは見られない。

このように見てくると、庵末寺院においても、普蔵院末〔太源派〕と妙高庵末〔通幻派〕は、四国地方を除いて、ほとんど全国的に分布しているということができる。また以上のような庵末寺院は地方における本寺として多くの末寺を統轄して曹洞禅の諸行持をおこない、その民衆化に努めたのである。

さて以上のようにして、中世における曹洞宗教団は、總持寺教団を中心にして、總持寺直末三十六門、五院の輪番地寺院三百三十九カ寺、および五院の庵末寺院七十カ寺がその中核体となり、さらにそれから派生した末派寺院と提携しつつ、道元―瑩山―峨山と続く曹洞禅の玄風を樹立すべく、辺陬《へんすう》〔辺境〕の地にいたるまで全国的に広く発展するに至ったのである。

民衆化活動

さて總持寺教団は、これまで述べてきたように、瑩山禅師以来、組織的には輪住制度、思想的には密教および民間信仰そして五位思想の受容と導入などを軸にし、峨山禅師および二十五哲を中心にした直末三十六門、五院の輪番地及び庵末を拠点にして、民衆化運動を展開し、隆々たる発展をとげたのであるが、民衆への教化、接得の具体的な行持は、まず寺院における晋山上堂《しんさんじょうどう》および結制安居《けっせいあんご》すなわち江湖会《ごうこえ》、また臘八摂心会《ろうはちせっしんえ》等の同行間の禅修行の実践であった。晋山上堂は新住職すなわち新命《しんめい》が寺院に住持となり法堂に上って大衆に初めて説法することであり、結制安居すなわち江湖会は、夏・冬の季節におのおの三カ月の間、禁足して厳格な神的修行に励む会である。臘八摂心会は十二月一日から八日まで昼夜兼行で坐禅しつづけ釈尊の成道《じょうどう》〔仏道を成す、悟りを開くこと〕を体験しようという会である。これらの諸行持によって教団の宗侶たちは互いに自らの修行に励むと共に同行の仲間を獲得していった。またこれらの行持には、民衆の教化、信者の獲得を目的とした授戒会が加えられ、厳粛な宗教的儀式のもとに戒法血脈《かいほうけちみゃく》が授けられた。

こうした諸行持は、近代以前においては、地方領主や地方大名の援助のもとにおこなわれ、結制安居や臘八摂心会等への直接参加は殆んど出家者である禅侶であったが、そのほかには上は領主・大名から下は一般庶民にいたるまで広い層にわたる在俗の人びとが参加した。

さらに總持寺教団下の民衆化運動において大きな役割を果たしたのは、葬式法要の荘厳化《しょうごんか》である。死者の霊を弔う葬式およびその追善供養の法要の行事が、いかに真剣にして重大な行事であるかは古今東西において変わりはない。曹洞宗の禅侶の綿密・厳粛な葬式、法要の儀式、鐘・太鼓・木魚などの楽器に和して唱えられる懺法《せんぼう》、陀羅尼《だらに》等の神秘的な梵唄称名《ぼんばいしょうみょう》、また色彩とりどりの法服に身をかための謹厳にして柔和な僧侶の態度などは、安住の場としての寺院と救済者としての宗門禅侶への尊信の念をいよいよ深めていったにちがいない。

また前述したような地方の主要寺院においておこなわれる規則正しい日常生活は、働く地方農民の生活の範になったと考えられ、また曹洞宗寺院の僧侶は、道元禅師の名利《みょうり》否定の精神に則り、一般的には権門勢家に近づかず、庶民の群に投じ、自ら田畑を耕し開墾に従事して農耕生活を営み、「農夫と互いに耕を勤」むる中に、禅の生活を行じていったのである。

以上のような總持寺教団下の禅侶の諸行持や生活はそれがそのまま生きた曹洞禅の民衆化運動となって全国的に展開していったのである。

五　近世の總持寺教団

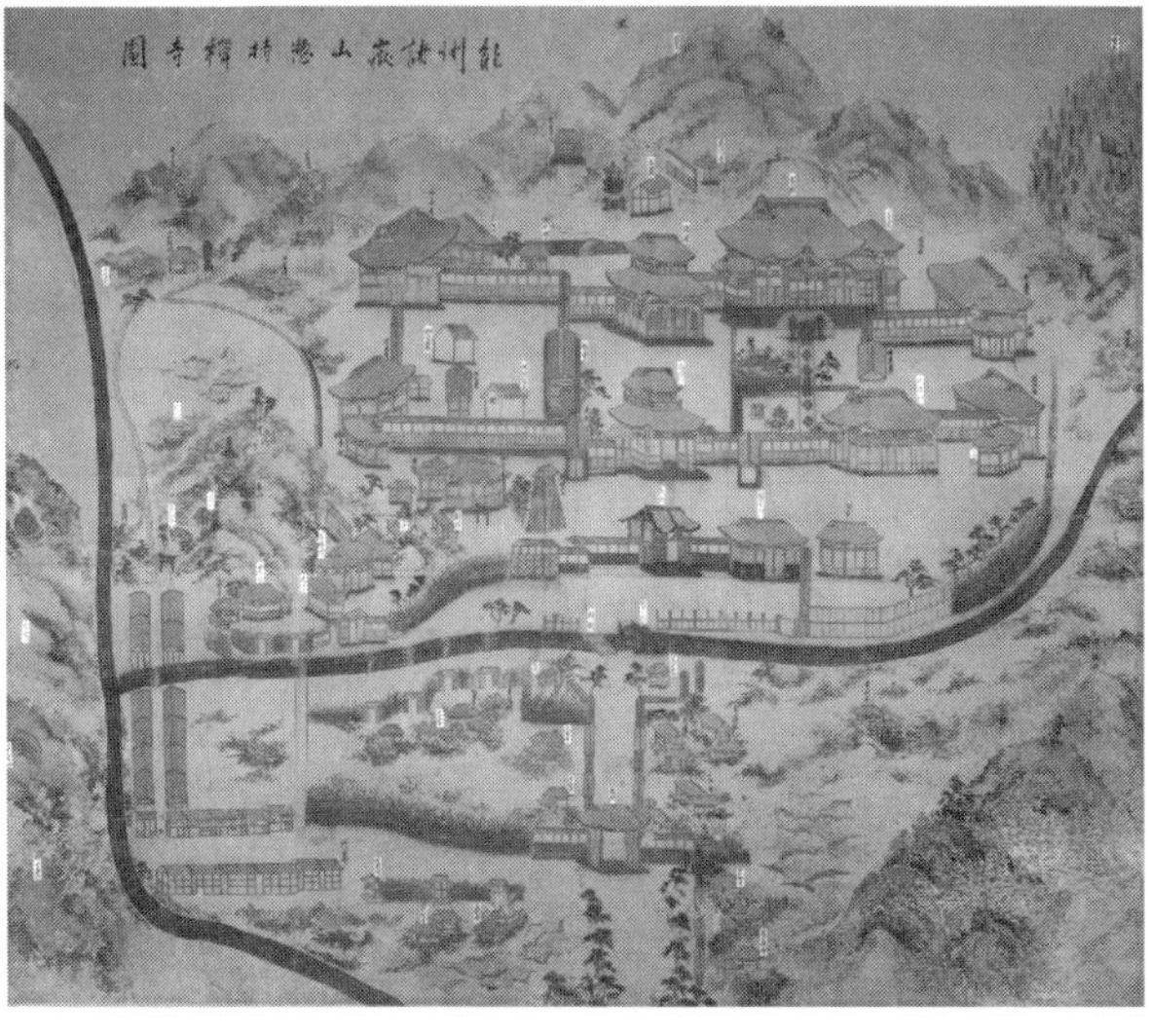

12 －能州諸嶽山總持禅寺図

1　中世總持寺教団と永平寺の盛衰

日本曹洞宗史はその教団史的な分野から見ると、總持寺教団の外に寒巌義尹《かんがんぎいん》開創の大慈寺《だいじじ》教団、徹《てっ》通義介《つうぎかい》開創の大乗寺《だいじょうじ》教団、瑩山禅師《けいざんぜんじ》開創の永光寺《ようこうじ》教団、無底良韶《むていりょうしょう》開創の正法寺《しょうぼうじ》教団があるが、その主流が總持寺教団であることはいうまでもない。

ところで總持寺教団において峨山韶碩《がざんじょうせき》禅師および峨山禅師の五哲の時代には、宗教教団として内容・外形ともにほとんど完成の域に達したと考えられる。その教団の活動は、社会の政治的権力に左右されず、むしろこれをリードし、本末関係も比較的自由で師資の間にも純粋な道交《どうこう》関係、嗣承《しじょう》関係が存在していたのである。しかしてこの峨山の五哲の時代を出発点とする中世總持寺教団の歴史は、永平道元《えいへいどうげん》禅師―孤雲懐弉《こうんえじょう》―徹通義介―瑩山紹瑾《けいざんじょうきん》禅師―峨山韶碩と続くいわば曹洞五代史の中に形成された教理、思想および宗教的行持の体得と実践、継承の歴史であり、またそれらを武家および庶民層に広めた布教の歴史であるといえよう。そしてこの歴史は近世、近代に引き継がれ、幾多の時代的、社会的激動の中に波瀾の歴史を展開しつつ現代に至るのである。

さて近世以後の總持寺の歴史は永平寺との関連を無視しては考えられないので永平寺の歴史に暫く目を向けてみよう。

永平寺の原始教団は三代相論のあと分裂し、長い中世を通じて總持寺教団の大発展とは逆に衰運の一途をたどった。しかし、宝慶寺《ほうきょうじ》二世義雲《ぎうん》が永平寺五世に迎えられて中興し、またその法嗣曇希《どんき》の活躍によって、伽藍も整え、『正法眼蔵《しょうぼうげんぞう》』六十巻本や『学道用心集《がくどうようじんしゅう》』などの編集、梓行《しこう》もなされて、永平寺は一時、再興の曙光がおとずれたのである。また北朝の応安五年（一三七二）には、後円融院の詔勅によって出世の道場に補任《ほにん》され、「日本曹洞第一道場」の額を賜わるなど、曹洞宗の本山としての地位も認められるに至ったのである。ところが、応仁元年（一四六七）応仁・文明の大乱がおこり、永平寺はこの大乱の余波を受けて、文明五年（一四七三）、堂塔伽藍は兵火におかされ、義雲の『正法眼蔵』六十巻本も出世道場の勅書もすべて焼失してしまった。この間、永平寺十四世となった建撕《けんぜい》和尚の『道元禅師の行状記』＝『建撕記』の撰述は偉大な業績としなければならないが、永平寺の荒廃、惨状は目をおおうばかりで長門大寧寺《たいねいじ》五世・周防龍文寺《すおうりゅうもんじ》中興器之為璠《きしいばん》和尚をして「宗風地に墜つること百余年、児孫また英霊の漢無し」と歎かしめたのである。

ところで戦国時代に入り、明応・永正のころ（十五世紀末―十六世紀初頭）に至ってようやく永平寺復興の機運がおこった。この機運を開いたのは、前述の器之為璠和尚とその法系の為宗仲心《いしゅうちゅうしん》、金岡用兼《きんこうようけん》及び上州雙林寺《そうりんじ》三世曇英慧応《どんえいえおう》和尚をはじめ總持寺教団の翼傘下にある通幻派の流れをくむ老僧グループであった。こうして曇英慧応和尚はその手腕をかわれ、この老僧会議の推薦を受けて永平寺に進住し、諸僧の協力を得て伽藍を復興したのである。かくて約一世紀半にわたる長い永平寺の衰運は總持寺教団下の宗侶の愛山護法の精神にもとづく畢生の努力によって挽回されるに至ったのである。そして初祖道元禅師開創の本山として各地の曹洞宗の禅侶が雲集するようになり、修行の道場としての形式、内容ともに整ったのであろう。永正四年（一五〇七）懸案であった「本朝曹洞第一道場」の勅額の下賜を申請するに至った。そして天文八年（一五三九）十月七日、後奈良天皇から「日本曹洞第一出世道場」追認の綸旨を賜わるに至ったのである。

こうして戦国時代の後半、十六世紀の中葉以後から近世の黎明期にかけて、永平寺は初祖道元禅師開創の本山であるという自覚から、教団としても總持寺教団を凌ごうとする勢いを示すに至ったのである。

2　近世の黎明と總持寺

さて日本の近世の黎明は、織田信長の入洛の年永禄十一年（一五六八）に始まり、その統一事業のあと、それをひきついだ庶民出身の豊臣秀吉が天正十八年（一五九〇）に小田原城をおとしいれて北条氏を滅ぼし、天下が統一されて初めて訪れたと言ってよい。この安土・桃山時代は戦国時代の殺伐な気運が徐々に失われ、庶民が太平の世の到来を謳歌した明朗、活達な時代であった。

ところでこの時代の總持寺教団の発展は、戦国時代にくらべてその勢いは衰えを見せてはいるもののひき続いて発展途上にあり、むしろその勢いが日本の辺境の地にまで伸長して定着したのは、この時代から江戸時代の初期の頃といえよう。

さてこの時代の總持寺教団における注目すべきことに輪住組織の変化がある。すなわち、天正十五年（一五八七）、輪住開始以来二百余年を経、住持職の任期は、勅住《ちょくじゅう》（一朝の住持、瑞世師《ずいせし》）と一致させる為に三年、一年、半年、三月と短縮してきたのでここに勅住、輪住混淆の状態が生じてきたのである。そこでまず輪住任期一年として、五院輪番地から五院に出仕常住し、うち七十五日間は總持寺本山当住として現方丈《げんほうじょう》の猊座《げいざ》に登ることになり、また前述した五院輪番地はこのときに確立し、これまで嗣法本位で住持職を勤めてきたものが、この時より寺院本位に輪番住持することになったのである。そのほか、五院各別に住番帳《じゅうばんちょう》を作ること、世代は勅住にて編次し終始一貫すること、輪住者の交代期は毎年八月十五日とする等のことが定められたのである。このようにして總持寺教団は、近世の新しい時代に即応した内部組織の改革がおこなわれた。こうして本山としての總持寺においては、山内にある普蔵院、妙高庵、洞川庵、伝法庵、如意庵にそれぞれの五院の輪番地寺院住職が一年毎に交替して一年間常住し、うち七十五日間總持寺の住職を勤め、伝統的な本山の行持を厳修《ごんしゅ》し、宗侶の接得と民衆の教化に努めたのである。

ところで前述したように、十五世紀末葉から十六世紀初頭にかけて總持寺教団傘下の通幻派の老僧グループの努力によって復興した永平寺が時代と共に発展をとげ、ついにこれまで百七十余年間絶えてなかった慣例を破って朝廷から出世道場追認の綸旨を賜わるに至ったのである。このことはこれまでの永平寺復興の経緯からして当然總持寺との了解のもとに行わるべきであった。ところが永平寺においては、おそらく事前にこのことに対する宗旨本来の立場からその可否をめぐる研究もなされず、また總持寺に対する慎重な配慮もなされなかったのであろう。總持寺としては、曹洞宗教団におこったこの新しい事態に対して協議を重ね、ついに道元禅師以来の歴史に鑑み、「永平寺はもともと山居《さんきょ》弁道《べんどう》の道場であるから、それを出世（瑞世《ずいせ》・転衣《てんえ》）の道場とすることは違法である」との訴えを朝廷に対して起こしたのである。そこで朝廷もこの總持寺の訴えを正当と考え、ついに天文九年（一五四〇）二月十七日、前に永平寺に下した出世道場追認の綸旨を停止してしまった。さてこのような總持寺の朝廷への直接の訴えや、朝廷が一度授けた綸旨を停止するなどの処遇に対して永平寺側が黙止するはずはなく、ここに十六世紀の後半に入り、はしなくも、出世道場の認可や寺格などをめぐり、永平寺と總持寺の対立が深まっていったのである。

3　江戸時代の總持寺教団

僧録・録所の設置

関ケ原の合戦のあと、慶長八年（一六〇三）徳川家康が征夷大将軍に任命されて徳川幕府が成立した。その後、元和元年（一六一五）大坂夏の陣において豊臣氏が滅亡すると、幕府は諸大名や朝廷・公家を統制する諸法度を整えたが、寺院を統制支配する寺院諸法度をも確立させた。そして寛永十二年（一六三五）には、寺社奉行を置き、日本全国の諸寺院をその管轄下に置いたのである。

これよりさき、徳川家康は天正十一年（一五八三）に遠江国可睡斎《かすいさい》（總持寺・太源派）を駿河・遠江・三河三国の東海僧録に任命していたが、慶長十六年（一六一一）總持寺の代表として後見職芳春院《ほうしゅんいんぞうざん》象山を招いて意見を聞き、関東の僧録を推薦させた。

こうして翌慶長十七年（一六一二）、幕府は下総総寧寺《そうねいじ》、武蔵龍穏寺《りゅうおんじ》、下野大中寺《だいちゅうじ》のいわゆる「関三刹《かんさんせつ》」（関東三箇寺）を関東僧録に任命し、建法幢《けんぽうどう》、江湖頭《ごうことう》、転衣ならびに本末関係等に関する「宗門法度書《しゅうもんはっとがき》」の五カ条を下し、天下曹洞宗内に布告せしめたのである。

このようにして幕府は、関三刹および可睡斎を中心にして曹洞宗教団を支配しその政治的統一をはかろうとした。

曹洞宗教団においては、こうした幕府の宗政の方針に従ってこれを自主的に受けとめ、總持寺五院が中心となり、寛永六年、（一六二九）、関東に大僧録、全国に録所を設置した。すなわち天下大僧録《てんかだいそうろく》（一宗総録）には下総総寧寺、武蔵龍穏寺、下野大中寺の関三刹が任命され、伊豆・駿河、遠江・三河を統轄する東海道大僧録には遠江可睡斎が任命された。

そしてその下に総泉寺《そうせんじ》、青松寺《せいしょうじ》、泉岳寺《せんがくじ》の江戸府内三箇寺が置かれ、上野・信濃・越後・佐渡四

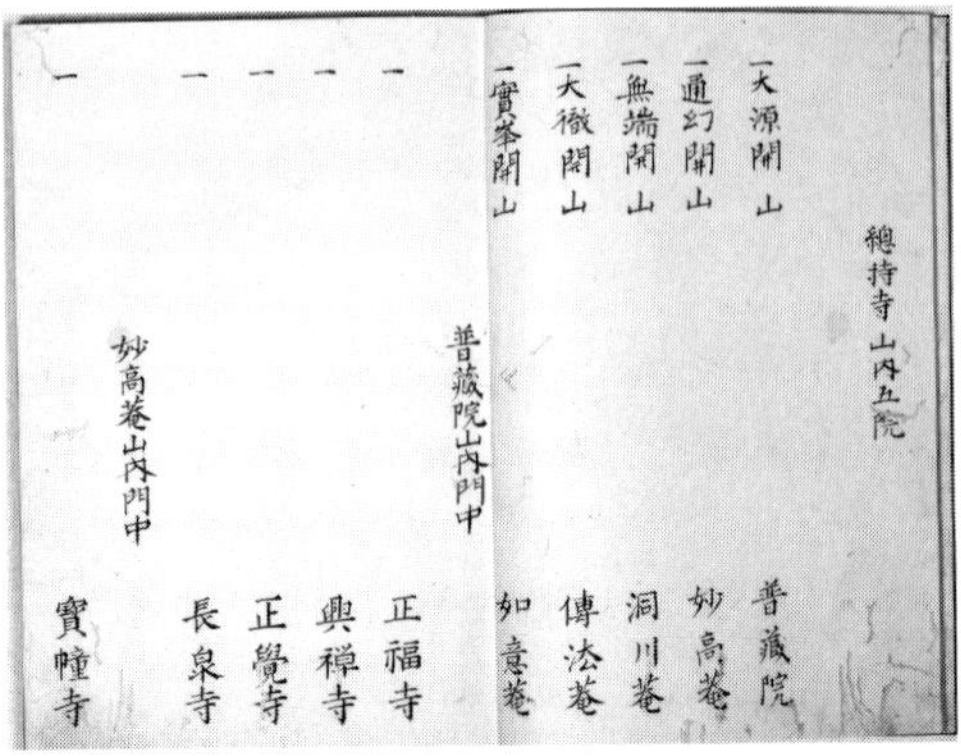
總持寺山内五院
一大源開山　普蔵院
一通幻開山　妙高菴
一無端開山　洞川菴
一大徹開山　傳法菴
一實峯開山　如意菴
普蔵院山内門中
一　正福寺
一　興禅寺
一　正覺寺
妙高菴山内門中
一　長泉寺
一　實幢寺

13－『延享度本末帳』

カ国の僧録頭に上野雙林寺《そうりんじ》が任命された。また全国の録所には丹波の永沢寺《ようたくじ》以下五十余カ寺がこれに当てられた。

近世曹洞禅の法城

以上のようにして全国の曹洞宗寺院は所属の国ごとに分けられ、それぞれ関三刹と録所および可睡斎の管轄支配下に置かれて統治されたのである。その関係を次頁に表解してみよう。

この表によって分かるように、延享二年（一七四五）には、曹洞宗の寺院数は総数実に一万七千五百四十九カ寺にのぼっている。そのうち永平寺末が一千三百七十カ寺であるのに対して總持寺末は一万六千百七十九カ寺にも及び、總持寺教団の寺院数は永平寺教団の寺院数に対して十数倍の多きに達しているのである。したがって曹洞宗教団の歴史は、總持寺教団の歴史がその主流であると言ってよいのである。

ともあれ、總持寺教団傘下の関三刹は、幕府の政治統制策に範をとり、宗政の大綱と統治の実権を掌握し、細目については各地の録所の自治に一任した。各地の録所は上意下達、下意上達の任を負い

僧録寺名	配下国数	録所数	配下寺数	永平寺・總持寺　関係
総寧寺	21（注1）	28	7,213	總持寺末
龍穏寺	23（注2）	65	3,947	永平寺末　874 總持寺末　3,073
大中寺	21（注3）	54	3,777	總持寺末
可睡斎	4（注4）	直轄	2,612	永平寺末　496 總持寺末　2,116
計	69国	147ヵ寺	17,549ヵ寺	永平寺末　1,370 總持寺末　16,179　ヵ寺

（数字は延享2年—1745調『總持寺誌』参照）

（注）
1　**総寧寺配国**　下総（直支配）・相模（直支配）・伊豆・美濃・伊賀・伊勢・志摩・山城・大和・摂津・河内・和泉・丹後・丹波・但馬・播磨・因幡・伯耆・出雲・石見・隠岐

2　**龍穏寺配国**　武蔵（直支配）・上野・信濃・越後・佐渡・紀伊・淡路・美作・備中・備後・安芸・周防・長門・讃岐・阿波・土佐・伊予・豊前・豊後・筑前・筑後・肥前・肥後

3　**大中寺配国**　下野（直支配）・常陸（直支配）・上総・安房・甲斐・陸奥・出羽・越中・能登・加賀・越前・若狭・尾張・飛驒・近江・備前・壱岐・対馬・日向・薩摩・大隅

4　**可睡斎配国**　駿河・遠江・三河（以上直支配）・伊豆（修禅寺門派）

（竹内道雄『曹洞宗教団史』より）

ながら配下の末派寺院を統治し、これらの末派寺院は多くの檀家・信徒を獲得して民衆の教化に当たったのである。

このようにして曹洞宗教団全体は、総持寺教団を母胎として、宗政的に僧録および録所によって統べられ、宗教的には、さらにその上に法統〔法の系統、流れ〕の本山としての永平寺、寺統〔寺院の系統、系列〕の本山としての總持寺、出世道場としての両本山をいただき、かくてここに秩序整然たる近世曹洞禅の法城《ほうじょう》〔寺院のこと〕が形成されたのである。

永平寺と總持寺

ところが、徳川幕府は曹洞宗門の本山である永平寺・總持寺にも法度を下し、教団の統制を強化したのである。そして幕府は、中世以来の長い曹洞宗発展史上の両本山の性格を深く考慮せず、永平寺を總持寺の上に置いて日本曹洞宗の唯一最高の本山とし、その下に總持寺以下をすべて末寺として整然と統率させようと考えた。いやむしろ幕府は、こうした政策をとることによって当然予想される両本山の対立・紛争を通じて曹洞宗教団全体を弱体化させ、幕藩体制確立に当たってそれが危険宗教にならぬように巧妙な懐柔政策をとろうとしたようである。

ともあれ、元和元年（一六一五）七月、幕府は永平寺、總持寺に対してそれぞれ同文の法度条目を下し、出世・転衣ならびに被衣などの分限を規定し、両山とも紫衣《しえ》および黄衣《こうえ》の出世道場であること

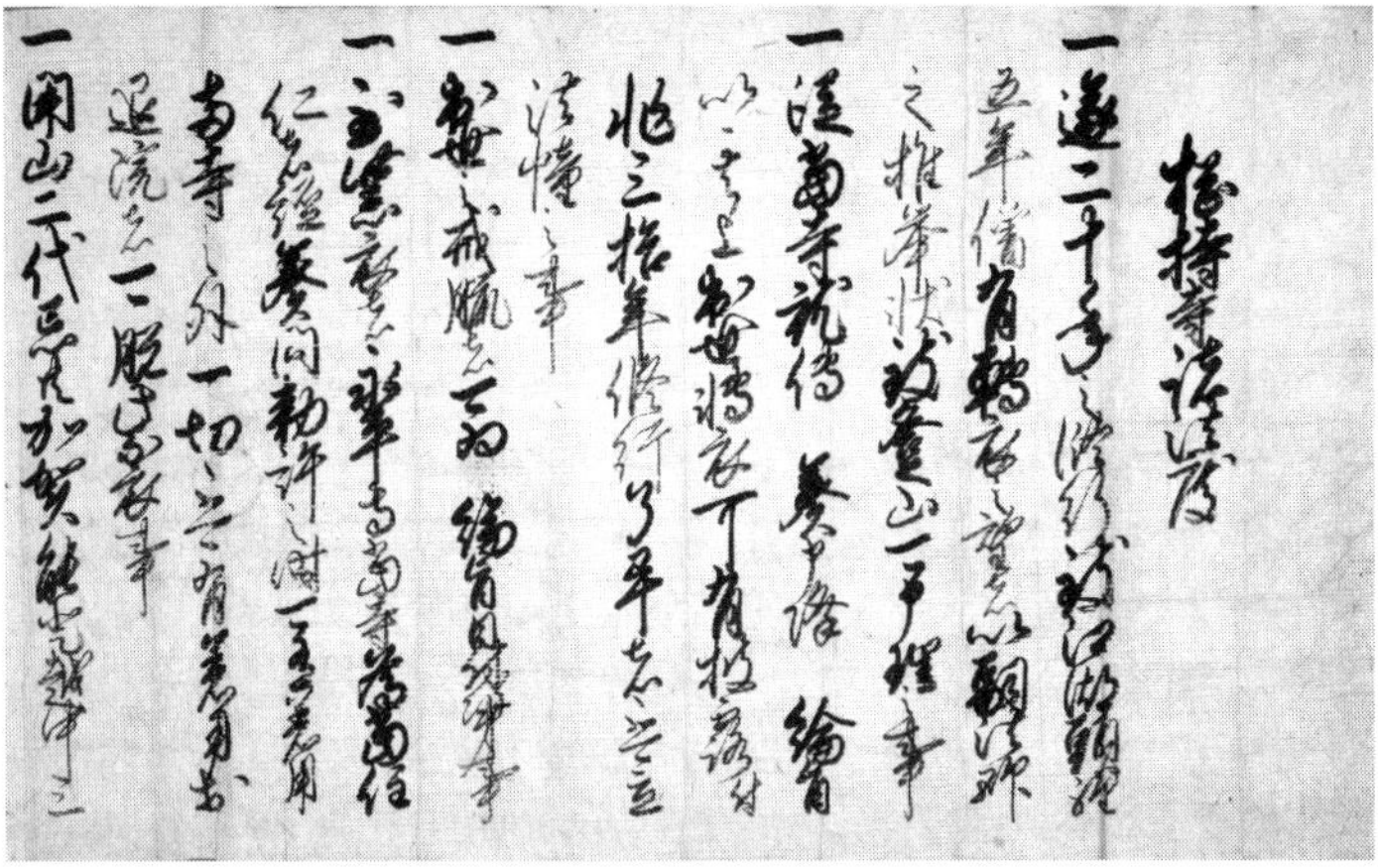

14 －「總持寺諸法度」

を確認したのである。そしてとくに永平寺法度の条文の中に「日本曹洞下の末派は先規の如く当寺の家訓を守るべき事」が付加され、永平寺を曹洞宗の総本山にしようという動きが高まっていった。

そこで總持寺は、これまで曹洞宗教団の歴史の上に果たしてきた總持寺教団の功績に鑑み、こうした幕府、関三刹および永平寺の動きに対して、永平寺・總持寺両山は同等の寺格を有し、總持寺は主として寺統の本山であることを主張して譲らなかったのである。かくてここに總持寺と幕府・関三刹・永平寺との間に次のような諸事件をめぐって対立、紛争が生ずるに至った。

㈠転衣論争

転衣《てんえ》とは和尚《おしょう》の位を受け一山の住持《じゅうじ》の資格を得ることであり、これをまた出世《しゅっせ》と言っている。この事件は寛永四年（一六二七）に起きたもので、幕府は永平寺の最高本山としての威信を誇示すべく「永平寺に就て転衣せず、總持寺に出世したる者を改めよ」という御触《おふれ》を出し、ついに總持寺について転衣したもの三十四人の衣・袈裟などを剝奪して大中寺《だいちゅうじ》に没収してしまった。そればかりでなく、この事件の責任者として大中寺松薫《しょうくん》を越後に、永平寺祚天《そてん》をも伊勢にそれぞれ流罪に処したのである。

㈡伝法公事

これは承応元年(一六五二)、幕府が永平寺二十六世天海良義《てんかいりょうぎ》の示寂のあと、幕命によって関三刹の一つ総寧寺の嶺巌英峻《れいがんえいしゅん》を永平寺に昇任させたことより起こった事件である。すなわち総寧寺英峻が永平寺に昇任したあと総寧寺の後住は本山の命によって可睡斎松頓《しょうとん》となったが、松頓は、永平寺の住持は宝慶寺寂円《ほうきょうじじゃくえん》の法系が単住する宗門の伝統であること及び英峻が松頓に付法《ふほう》(師が弟子に法を授けること)していないことを理由に総寧寺の世代(寺院歴代の住職)から英峻を除くことを主張して幕府に異議を唱え、英峻またこれに応酬して大論争となり、結局、幕府の裁断によって、先例による正しい伽藍相続を主張した松頓は敗訴となり津軽へ流罪となったのである。

㈢清規問題

享和二年(一八〇二)、永平寺五十世玄透即中《げんとうそくちゅう》(一七二九—一八〇七)が「永平寺小清規《しょうしんぎ》」を制して寺院内のみならず全国の末派寺院にまで遵行《じゅんぎょう》させ、總持寺の『瑩山清規』を廃棄しようとはかった。これに対して總持寺は、永平・瑩山両清規が互いに補修しあって遵行されてきた歴史的意義を述べてその不当であることを主張し、幕府に抗訴した。幕府は總持寺の抗訴を理ありと認めて永平寺小清規は永平寺一山に限り遵行するよう裁許《さいきょ》したのである。

㈣衣体《えたい》事件

この事件は、幕末の嘉永三年（一八五〇）から文久元年（一八六一）の約十年にわたって続いた宗門僧侶の服装である衣・袈裟・掛絡《から》の形態に関する争議である。

瑩山・峨山両禅師以来、環紐《かんちゅう》のある袈裟・掛絡を着用しているという總持寺側の申し立てに対して、永平寺・関三刹側では環紐のある袈裟・掛絡は南山衣《なんざんえ》と称してこれを着用することは初祖道元禅師以来の家訓に触れるものだとの異議申し立てがあって論争が続いた。そこで幕府がその間に立って調停に当たったが、安政七年（一八六〇）に幕府は永平寺・関三刹の主張を一方的に認めて、以後、宗門僧侶は環附の袈裟の着用を廃して無環の袈裟に改めて着用すべし、という裁断を下した。むろん總持寺がこの裁断に承服するはずはなく、直ちにその撤回を願い出た。かくて両山の対立は深まったが、幕府は熟慮の末、ついに文久元年（一八六一）七月二十七日、右の裁許を返上し、「環附の衣体も志趣次第に相用ひて苦しからず〔紐を留める環が付いた袈裟も、その意向によって用いても構わない〕」という裁定を下し、ここに衣体事件はようやく落着したのである。

さて以上のように江戸時代においては、總持寺と永平寺との間に紛争が生じたが、その拠ってきたる原因を冷静に見てくるとそこには常に幕府が介入していることが知られる。すなわち永平寺と總持寺の対立、紛争の最大の原因となっているのは、永平寺を総本山として関三刹によって總持寺教団を主流とする曹洞宗教団を完全に統制しようとする幕府の宗教政策であったことが分かるのである。それゆえ、右の四つの事件において總持寺側の示した主張と態度は、これまでの總持寺教団の歴史に照してみると当然なことであり、むしろ總持寺のとった行動は、幕府の宗教政策に対する抵抗であり、總持寺の歴史とその立場を知らしめんとする自覚と覚醒の運動であったということができる。

思うに曹洞宗教団における永平寺と總持寺との関係は道元禅師と瑩山禅師との関係に等しく一身同体である。それはまことに車の両輪のごとく、人間の首と胴体のごとく、それぞれ独立して対等の寺格と地位をたもちながら「乳水の如く」和合、提携してゆくべき歴史的宿命と使命を負うているのである。「道元禅師が宗旨を確立した永平寺は主として法統の本山であり、瑩山禅師が布教、伝道の方途を樹立した總持寺は主として寺統の本山である」という永平寺・總持寺両本山の対等の位置づけは、曹洞宗門にのみ見られる他宗門に誇るべき独創的なものであり、かかる両本山がそれぞれの特異性を発揮しつつ対等に併立して和合しきたればこそ、教団の大発展がもたらせられたのである。今後もかかる関係が維持されつつ和衷協力してゆく限り、そこには時代に即した曹洞宗教団の限りない発展が約束されるであろう。

4　宗統復古運動と總持寺

宗統復古運動

江戸時代において總持寺教団のみならず曹洞宗教団全体をゆりうごかした最も大きな歴史的事件は宗統復古《しゅうとうふっこ》運動であろう。

中世の末から近世、江戸時代の初期にかけて政治的、社会的秩序が整ってくるにつれて宗教教団内に現われた傾向は宗教生活の形式化、世俗化であり、不純化である。禅林界においては臨済・曹洞両宗の交流がさかんになり、そこに済洞混淆の傾向が強まり延《ひ》いては両宗からの嗣法を誇る兼稟《けんりん》（両派から法を受けること）の弊風が生まれるに至った。

曹洞宗教団内においても、伽藍の大小、寺格の高低を競い、僧侶はこぞって寺格の高い大寺院の住持について印可・証明を希い、また数人の師匠にそれぞれ嗣法するという傾向が深まっていった。思うに宗門内におけるこれらの傾向の高まりは、本来の宗教生活からの逸脱、純粋な求道心の欠如を示すものであり、その根底に流れているものは、道元・瑩山両祖の最も嫌った名利心であったといわねばならない。

さてこうした江戸時代の宗教界及び曹洞宗教団内の風潮の中にあって、改革への刺激を与えたのが、承応三年（一六五四）黄檗《おうばく》禅をもたらした明の隠元隆琦《いんげんりゅうき》（一五九二―一六七三）の渡来であり、延宝五年（一六七七）曹洞禅の流れを汲む心越興儔《しんえつこうじゅ》（一六四二―九六）の来朝であった。いっぽう幕府においても家綱・綱吉を中心にした文飾政治が始まり学問研究の気運と仏教に対する関心が高まりつつあった。

曹洞宗教団の宗統復古運動は、このような時代と社会を背景に、上述のような中世末期以来の教団内の弊風を是正すべく、教義と実践の両面にわたって展開された改革運動である。この運動は直接的には加賀大乗寺の月舟宗胡《げっしゅうそうこ》（一六一八—九六）の法嗣卍山道白《まんざんどうはく》（一六三六—一七一五）が中心となり、如上の曹洞宗教団内の弊風を改革して一師印証《いっしいんしょう》（一人の師からのみ悟りの印可証明を受ける）・師資面授《ししめんじゅ》（師と弟子が直接に相見し面接して法を授受する）の道元禅の古にかえそうとした思想運動をいうのである。だが、この運動は同時に瑩山禅師の時代の精神に復帰しようという運動でもあり、しかもそれは次の前後三期にわけられ、約百五十年にも及ぶ曹洞宗学の形成運動でもあったのである。つぎにその経過、内容について簡明に述べてみよう。

一師印証と曹洞宗学の形成

まず第一期は、宗統復古運動の胎動の時期で、万安英種《ばんなんえいしゅ》（一五九一—一六五四）・月舟宗胡・大淵文刹《だいえんもんさつ》などによって道元禅の復古をめざし、曹洞宗学を勃興させようという気運がもりあがってきた正保・慶安年間（一六四四—五一）から寛文三年（一六六三）にいたる約二十年間である。この時期においては、月舟宗胡が隠元の黄檗禅の影響を受け、一時一色《いちじいっしき》の弁道《べんどう》（一時一時《いっときいっとき》一途に仏道修行に励むこと）、発菩提心《ほつぼだいしん》の喚起《かんき》、名利心《みょうりしん》の否定という純粋な道元禅の立場を唱道《しょうどう》したことは最も注目すべきである。

また月宗は、延宝年間（一六七三―一六八〇）に『黄檗清規』をとり入れて『雲堂常規《うんどうじょうき》』・『椙樹林指《しょうじゅりんし》南記《なんき》』を作成し、さらに瑩山禅師の『瑩山清規』を上梓するなどして大乗寺の規矩を厳然たらしめたのである。

つぎに第二期は、卍山道白を中心とした宗統復古運動が実践され、実を結んだ時期であり、卍山がこの運動に志した寛文三年（一六六三）から曹洞宗嗣法の宗規が制定されるにいたった元禄十六年（一七〇三）の四十年間をいうのである。卍山は寛文三年、武蔵集福寺《しゅうふくじ》にあって道元禅師の『正法眼蔵』を読み、一師印証の古仏の禅風が失われていることを歎きひそかに宗統復古の志をいだいたが、延宝六年（一六七八）、四十三歳の時、大乗寺に月舟宗胡に参じて正印《しょういん》を受けた。そののち延宝八年（一六八〇）月宗のあとを継いで大乗寺に晋山《しんさん》し、清規を改訂するなどして曹洞禅の復古に努めたのである。こうして卍山は大乗寺に住すること十二年、同憂《どうゆう》の独菴玄光《どくあんげんこう》（一六三〇―九八）、梅峯竺信《ばいほうじくしん》（一六三三―一七〇七）、田翁牛甫《でんおうぎゅうほ》らと協力して、因院易嗣《いんいんえきし》の弊風を改革して道元禅師の一師印証・師資面授の古の正しい嗣法《しほう》にかえそうという運動を積極的に推進していったのである。かくて元禄十三年（一七〇〇）以後、卍山は梅峯とともに、関東僧統（橋場の総泉寺、愛宕の青松寺、芝の泉岳寺）にはかり、幕府寺社奉行に直訴し、永平寺・總持寺の両本山、可睡斎および関東僧録等の諸寺院を動かし、法系《ほうけい》嗣承《しじょう》の改革に不惜身命《ふしゃくしんみょう》の努力を傾けた。このような卍山・独菴・梅峯・田翁の熱誠と努力は僧俗各界の同情と援助を生み、ついに幕府は元禄十六年（一七〇三）八月七日、曹洞宗嗣法の宗規《しゅうき》を下し、ここに一師印証・師資面授の宗統復古運動が成功を見るに至ったのである。こうした一師印証・師資面授にもとづく具体的・実際的な儀則《ぎそく》・法式《ほっしき》重視の嗣法の確立は、その後、曹洞宗教団に清新な波紋を投ずると共に、かかる卍山教学は曹洞宗学の正統とされて今日に至っているのである。さて宗統復古運動の成功はやがて教義上の学術論争を呼びおこし、ここに第三期の曹洞宗学の形成の時期を迎えるのである。

宗統復古運動の第三期とは、曹洞宗嗣法の宗規が下された元禄十六年（一七〇三）から、曹洞宗学の大成者と見られる面山瑞方《めんざんずいほう》（一六八三―一七六九）が示寂した明和六年（一七六九）の六十五年間の時期をいうのである。この時期において最も重要な宗義《しゅうぎ》論争は、相互に一師印証・面授嗣法の同一の立場をふまえながら、一師を数の上の一人の師とし、面授を実際の師匠と弟子との経験的な相見《しょうけん》とした卍山道白の主張に対して、一師を真に法を単伝する一等の師とし、面授をそれによって真理を現成する先験的な相見でなければならないとした天桂傳尊《てんけいでんそん》（一六四八―一七三五）との間の、形式主義・経験主義と内容主義・先験主義をめぐる論争である。このことは現在の宗門人にとってもその宗意安心《しゅういあんじん》に関わる深刻な思想的課題であろう。いずれにしてもこの両者の宗義論争が口火となり、嗣法・禅戒《ぜんかい》・清規・五位思想などの各方面に論議が活発となり、百花繚乱ともいうべき宗学が競い起こったのである。こうした宗統復古運動の宗義論争は、宝永・正徳・享保年間（一七〇四―三五）に最高潮に達したが、この間に面山瑞方が出て、宗学の万般にわたり、歴史と教理の両面からの参究が続けられ、卍山にもくみせず、天桂とも対決し、綿密・該博な学風の上に立ち、しかも学問と修行の一致という学行不二《がくぎょうふに》の曹洞宗学を確立したのである。

以上のようにして江戸時代の前半約百五十年の間に、曹洞宗教団内において宗統復古運動が活発に展開され、面山の滅後もひき続き宗学論争がおこなわれ、さらに、『正法眼蔵』の註解的研究、道元・瑩山両禅師以下祖師たちの宗典、語録の出版、嶺南秀恕《れいなんしゅうじょ》（一六七五—一七五二）の『日本洞上聯燈録《にっぽんとうじょうれんとうろく》』等の祖師伝の上梓など宗学研究の各方面にわたる空前の盛況を現出したのであった。

宗統復古運動と總持寺

さてこのような宗統復古運動は、もともと曹洞宗教団の末派寺院の愛山護法《あいざんごほう》の念に燃えた宗侶《しゅうりょ》たちによって実践されたのであるが、その影響が大本山の總持寺に及んだことは当然である。そのころは、前に述べたように、いっぽうにおいて曹洞宗教団は、永平寺・總持寺両本山の対立を内にはらみながら、永平寺を頂点とする大教団に組織されつつあったが、幕藩体制の統制下におかれて教団全体の自由溌剌たる宗教活動は不可能な状況下にあった。しかも總持寺は、中世以来の總持寺大教団の本山であったので徳川幕府の教団弱体化政策の対象とされ、幕府、永平寺、関三刹を向こうに回してその立場を主張し交渉を続けねばならなかった。そのため總持寺山内の諸行持や日常の禅生活も、瑩山禅師や峨山禅師及びその五哲の時代のような如法《にょほう》の行持の規範は行われず、教団創業時代の衆生《しゅじょう》済度《さいど》の高邁な精神は失われていたようである。素明《そみょう》・梵龍《ぼんりゅう》の編する「丹嶺禅師紀年録」の貞享三年（一六八五）の条によると、加賀宝円寺《ほうえんじ》九世大陽丹嶺《たいようたんれい》が、当時における總持寺の禅規廃蕩《はいとう》と五院輪住の弊害を訴え革弊《かくへい》断行を切願するものがあったので、ついに坐視するに忍びず、老齢をおしきって總持寺に拝登《はいとう》し、五院に対して素蘊《そうん》を述べたので、五院の主盟は会議数次にして漸《ようや》く師の素願をいれ、法によって僧堂の規矩を立て、儀則制範、上祖の古轍に合うことができた、ということである。思うにこのころは、宗統復古期の第二期であり、月舟宗胡・卍山道白らが大乗寺を中心にして宗統復古の運動を内において着々と実践していた時であるから、この革新の玄風は早く加賀の宝円寺にも及んだのであろう。

このようにして總持寺は、大陽丹嶺の愛山護法の熱誠によって宗統復古の精神が覚醒され、瑩山禅師の清規に則った禅院の生活が実践されるようになり、大本山としての面目が高まったのである。そして前述のように元禄十六年（一七〇三）一師印証・師資面授の曹洞宗嗣法の宗規が制定されると總持寺は永平寺と共に幕府所定の嗣法条目を末派寺院に諭達《ゆたつ》するに至った。

かくてそれ以後、明治に至るまでの約百七十年の間、總持寺は一宗の本山としてまた出世の道場として教団内の宗侶及び檀信徒の教化、接得に畢生の努力が傾けられたのである。とくにこの間、御開山瑩山禅師の四百年忌法要会が享保九年（一七二四）に、四百五十年忌法要会が安永三年（一七七四）にそれぞれ三昼二夜厳修され、また二祖国師峨山大和尚の三百五十年忌法要会が正徳四年（一七一四）に、四百年忌法要会が明和元年（一七六四）にそれぞれ三昼二夜厳修され、さらに、元文五年（一七四〇）妙高庵開基通幻寂霊和尚の三百五十年忌法要会、宝暦四年（一七五四）如意庵開基実峰良秀和尚の三百五十回忌法要会、続いて宝暦七年（一七五七）伝法庵開基大徹宗令和尚三百五十回忌法要会をそれぞれ三昼二夜ないし二昼一夜厳修していることはこのことを最もよく証明している。また方丈や山門及び山内の塔頭普蔵院をはじめとする五院の修造も次々とおこなわれ本山としての總持寺の荘厳さは弥増《いやます》に至った。こうした總持寺の積極的な一意同心の教化活動はついに上聞《じょうぶん》にも達し、安永元年（一七七二）十一月二十九日後桃園天皇は、「徳化を八紘に振」った鴻業を嘉《よみ》し、瑩山禅師に新たに「弘徳円明国師《こうとくえんみょうこくし》」の諡《し》号を賜わったのである。

その後、總持寺は文化三年（一八〇六）正月二十一日、如意庵より出火して仏殿以下十七棟が焼失し、また文政元年（一八一八）の洪水山崩れ等の不幸に見舞われたが、本山役寮《やくりょう》の不惜身命の努力と諸堂再建の勧化に応ずる教団下諸国末派寺院、檀信徒の協力によって、堂宇の再建は進み、文化十一年（一八一四）、二祖国師峨山大和尚滅後《めつご》正当《しょうとう》の年の秋には大祖堂が落成するに至った。その後、仏殿、客殿、禅堂及び山内塔頭等の堂宇の再建も次々と進み、天保二年（一八三一）七月中には諸堂宇は殆んど落成し、八月一日、落慶法要の式典が厳修されるに至ったのである。文化三年の大火以来四半世紀の歳月を要したこの堂宇再建の事業がいかに辛苦に満ちたものであったか想像に難くなく、当時の本山役寮及び全国末派諸寺院の愛山護法による努力に対して讃仰《さんぎょう》措く能わざるものを覚える。

こうして時代は幕末風雲の時代を迎えるが、弘化二年（一八四五）五月、本山において授戒会が厳修されるなど檀信徒の教化活動は滞ることなく続けられていった。だが一方、前にも述べたように嘉永三年（一八五〇）から文久元年（一八六一）にかけて衣・袈裟・掛絡の形態、着用をめぐる争議、いわゆる三衣（衣体）事件が幕府・永平寺・関三刹との間に生じた。しかし、最後には總持寺の主張が認められて落着を見たのであった。

元治元年（一八六四）七月、前年の八月十八日の政変に敗れた藩主毛利敬親《たかちか》の雪冤《せつえん》のため入京した長州藩は、十九日蛤《はまぐり》御門《ごもん》の付近で薩摩・会津の兵と激戦を続け、久阪玄瑞、真木和泉（久留米藩）ら有為の志士を多く失って敗れ去った。總持寺においては翌八月、二祖国師峨山大和尚五百回忌法要会が厳修された。蛤御門において非命に倒れた多くの死者を弔うかの如く、去りゆく古き時代を悼み、明けゆく新しき時代の幸せを祈念しつつ。同じこの月に英・米・仏・蘭の四国連合艦隊は下関を砲撃してその砲台を占領し、いっぽう徳川幕府は第一回の長州征伐の命令を諸藩に発していた。

こうして近世の總持寺の歴史は幕末風雲の嵐の中に終りをつげたのである。

六　近代の總持寺教団

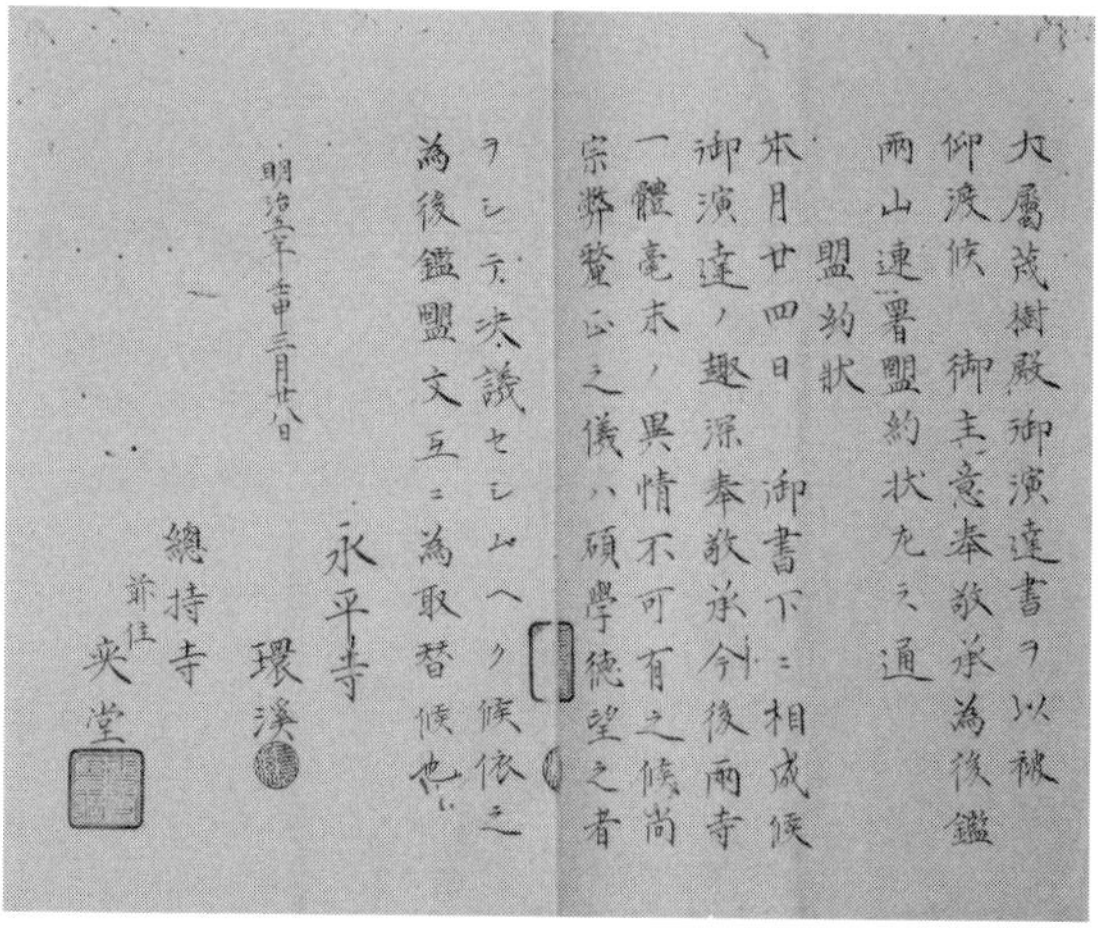
大属茂樹殿御演達書ヲ以被
仰渡候　御主意奉敬承為後鑑
両山連署盟約状左之通
盟約状
本月廿四日　御書下ニ相成候
御演達ノ趣深奉敬承今後両寺
一体毫末ノ異情不可有之候尚
宗弊釐正之儀ハ碩学徳望之者
ヲシテ決議セシムヘク候依之
為後鑑盟文互ニ為取替候也
明治十二年三月廿八日
永平寺
環渓
總持寺
前住
奕堂

15 －「本山盟約要領」

1　明治維新と近代教団の成立

明治維新と總持寺教団

明治維新から第二次世界大戦終了までの七十七年間を一般に日本の近代と呼んでいる。この間、日本は近代的な統一国家を形成して国際社会に登場し、日清・日露戦争をはじめ幾多の国際的試練を経て国力を充実し、短期間に欧米列強の諸国と肩を並べるまでの地位を確立した。しかし第一次世界大戦後、複雑な国際情勢を背景に、内からの関東大震災、外からの世界恐慌の影響を蒙って軍国主義が台頭し、ついに満州事変から太平洋戦争（大東亜戦争）に至る十五年間、戦争と敗戦という有史以来の深刻な国民的体験を受けるに至ったのである。

近代の總持寺の歴史もこうした激動の日本近代史の流れを背景に、各派仏教宗団と共に険しい教団近代化の道を歩まなければならなかった。

近代日本の宗教史は明治維新にともなって起こった廃仏毀釈《はいぶつきしゃく》によって始まったと言ってよい。日本の各宗仏教は、欧米近代文化の急激なる移入の前に、当惑、逡巡しつつ前途を模索している時、突如として襲った廃仏毀釈という内からなる暴挙と迫害によって偸安《とうあん》の夢から目覚め、新時代に即応する教団形成の運動を開始するに至った。こうして明治三年（一八七〇）本願寺の島地黙雷《しまじもくらい》・大洲鉄然《おおすてつねん》らの建議によって明治政府の民部省に寺院寮が設置されることになり、廃仏毀釈の収拾の方向も定まり、統一的な宗教政策の実施が推進されていった。

さて曹洞宗教団においてもこの廃仏毀釈による被害は甚大で、多数の寺院が廃寺となり、また梵鐘・仏像・仏具などが多く熔解・焼爛の犠牲となったのである。しかしいっぽうにおいて教団の首脳者たちは、新時代に対応する教団の構想に思いを致し、早く明治元年（一八六八）二月、永平寺六十世臥雲童龍《がうんどうりゅう》（―一八七二）は上洛して政府に宗制改革案を提出してその許可を願い出た。ところがこの趣旨は、これまでの関東三刹の大僧録による宗門の支配体制を廃止し、さらに總持寺の本山職をも改めて永平寺を総本山にし、前述した江戸時代における永平寺側の意図を時代の変革期に乗じて一挙に実現して、永平寺を中心にした曹洞宗門の支配体制を確立しようとするものであった。曹洞宗門の歴史に無知な維新政府はこの永平寺の改革案を鵜呑みにして承諾し、總持寺に対して、「元来永平寺ノ別寺」であるから、「祖師開闢《かいびゃく》総本寺永平寺へ昇住シ」、永平寺と争う心を忘れて、「宗門振起教化ヲ以テ可キレ奉ルレ報イ二国恩ニ一旨」の通達を下したのである。しかし右の永平寺の提出した宗制改革案も政府の下した通達も、新時代に対応した教団の改革案の名に値しないことはこれまでの宗門の歴史に照して明白といわねばならない。そればかりでなくこのことは却って江戸時代の両山紛争を再燃させる導火線となる危険性を含んでいた。果たして總持寺はこの永平寺の改革案と政府の通達に反対を表明し、これまでの宗門の歴史的由緒を述べ、その格式を保有し、總持寺について転衣せしむべき旨等の異議申し立てを請願した。このように明治維新における曹洞宗教団の近代化運動はその出発点から前途の多難を思わせた。

明治元年（一八六八）九月二日、宗門制度を新時代に即して「一新之定則相立つ」よう論議することを目的に、碩徳会議《せきとくかいぎ》議員が任命され、十月一日から三日間にわたって京都の天寧寺《てんねいじ》を会場にして会議が開かれた。出席者は、永平寺臥雲童龍の外に、江州清涼寺雪爪《せっそう》以下「公議碩徳《こうぎせきとく》」十一名、及び永平寺監院《かんにん》是三《ぜさん》、外五役寮の計十八名であった。会議は談論風発、論議は活発であったが何も決議にいたらず閉会になった。この碩徳会議は、教団近代化への最初の代表会議として注目されたが、議員の一人であり後に總持寺独住第一世となった金沢天徳院旃崖奕堂《てんとくいんせんがいえきどう》は欠席し、總持寺役寮の出席もないままに行われ、また總持寺の異議申し立ての請願も取り上げられなかったから、總持寺側の失望は大きく却って宗門近代化の将来に一抹の暗影を投じたのである。

さてその後、維新政府は依然として本山を一つにするという宗政一元化の方針をとり、永平寺も曹洞宗の総本山としての地位を主張してやまなかったから、宗門の「総本寺」および「転住差《シ》止《メ》」・「転住差《シ》許《シ》」（両本山への瑞世・転衣の可否）の問題をめぐって、總持寺は太政官を通じて自己の立場を主張して再三抗議を続けた。こうして明治維新において永平寺の宗制改革案提出に始まった曹洞宗門の近代化運動は、結局、明治四年（一八七一）七月五日、転衣・転住・輪番は勿論、法規宗則総て「慶長以来御維新迄之間ニ」復すべきことすなわち江戸時代のままの宗制を維持すべきこと、という政令によって落着したのである。このことは、明治維新の変革に際して、宗門人が複雑な宗門史に対する深い省察の機会が与えられたことは認められても、新時代の宗制改革への第一歩すら前進できなかったことを意味している。そしてこのことによって、宗門近代化は何よりも両山の和合の実現が先決であることが知らされたのである。

この間、總持寺においては、輪住制を禁止したり、復活させたりする朝令暮改の政府の態度に当惑しつつ、明治三年（一八七〇）七月二十五日、これまでの長い伝統を持つ輪住制を廃止し、独住制と為した。そして勅命によって旃崖奕堂が独住第一世となり、弘済慈徳《こうさいじとく》禅師の勅号を賜わり、尋《つ》いで二十九日には参内して明治天皇に拝閲した。続いて九月二十二日に晋山祝国開堂の儀を挙げ、翌明治五年（一八七二）十月三日、独住制は正式に認可されたのである。

両山盟約と近代教団

さて明治維新の際に提出された永平寺側の宗制改革案は、曹洞宗の歴史と總持寺教団の立場への配慮を欠いた、江戸時代の主張の再現に過ぎないものであったから、宗門の近代化には何ら寄与できなかったが、その為に起こった紛争は、両山の和合の実現が宗門近代化の第一歩であることを維新政府にさとらしめたのであった。

かくて明治五年（一八七二）三月二十四日、政府は大蔵省戸籍寮の郷純造の名によって永平寺貫首環渓密雲《かんけいみつうん》・總持寺貫首旃崖奕堂を大蔵省戸籍寮へまねき、大蔵演達および要領五カ条を手交し、両山の和協の盟約を締結すべきことを勧告した。この大蔵演達の中に「永平寺・總持寺両寺相争ふは骨肉相食むに似たり……永く此の如くせば六百年来連綿たる法脈は勿論、一宗両山の滅絶に至る事指を弾じて知るべきのみ」（『總持寺誌』三五〇頁所収）とあるのは注目してよい。すなわち前半の言葉は外から客観的に見た両山紛争の実相を抉《えぐ》り出しているというべきであり、また後半の両山紛争が曹洞宗一宗の滅亡を導くとの指摘は、宗門の将来に対する適切な警告であり、今後といえども宗門人が常に戒心しなければならない最も重大な関心事であろう。次にその要領五カ条とは次のようなものであった。

第一条　永平寺・總持寺是ヲ曹洞一宗ノ両本山トス。而シテ永平寺ハ始祖道元ノ開闢タルヲ以テ席（序）順總持寺ノ上タルベシ。

第二条　宗門ノ制度法中ノ事務ニ於ケル一切ノ疏帖等永平寺・總持寺両名捺印タルベシ。

第三条　一宗派下寺院へ可《キ》二相渡《ス》一免牘ハ勿論総テ布達ニ関スル書類等両寺捺印タルベシ。

第四条　両本山ノ諸堂等破損修理ノ節ハ双方互ニ助成可《キ》レ致《ス》事。

第五条　両本山ニ於テ将来諍論ヲ不《ル》レ致《サ》旨ノ盟文ヲ急度《きっと》可《キ》二取結《ブ》一事。

（横関了胤『曹洞宗制私解』所収）

右の要領五カ条の中には、読んで明らかなように、維新の際の宗制改革で問題にされた「転住差《シ》止《メ》・差《シ》許《シ》」等の宗門内部の宗教的信条・儀式に関する事項には一切ふれず、教団統制上必要な事務的

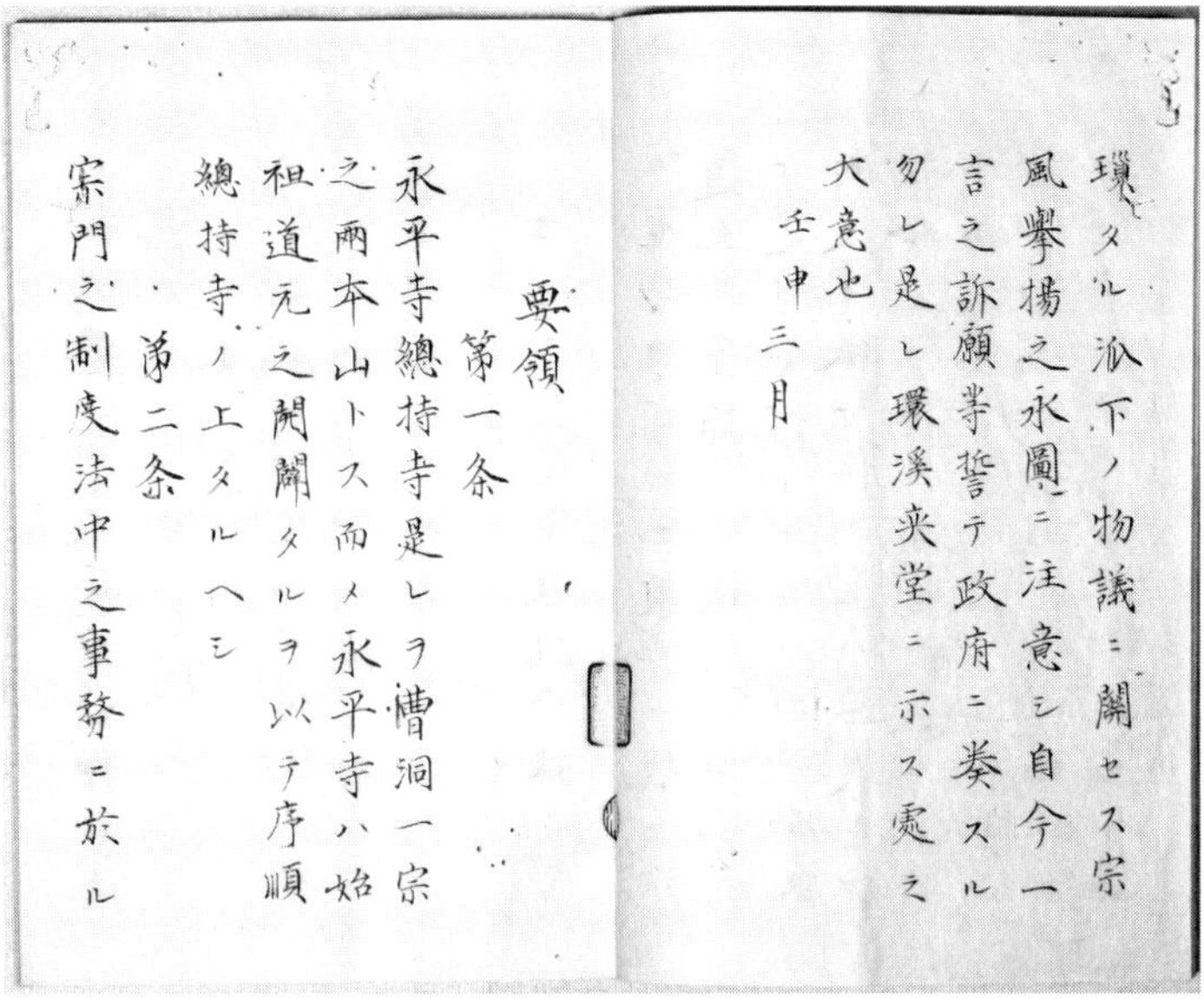
環タル泒下ノ物議ニ關セス宗
風擧揚之永圖ニ注意シ自今一
言之訴願等誓テ政府ニ奏スル
勿レ是レ環溪奕堂ニ示ス處之
大意也
壬申三月

要領
第一条
永平寺總持寺是レヲ曹洞一宗
之兩本山トス而メ永平寺ハ始
祖道元之開闢タルヲ以テ序順
總持寺ノ上タルヘシ
第二条
宗門之制度法中之事務ニ於ル

16 －「本山盟約要領」

文書に対等に捺印するなどの形式的な事が主として述べられている。しかしこの形式的事務的と思われることだけを指示し—実はこのことは威儀《いぎ》即《そく》仏法《ぶっぽう》を標榜する宗門にとっては重大なことなのであるが—しかも宗門の宗教的内容には何らふれなかったということは、宗教の自由という観点から新政府の当を得た賢明なやり方であり、曹洞宗教団としても幸せであったというべきであろう。

　ともあれ両本山としては、この要領第五条の「将来諍論ヲ致サザル旨」に則って、明治五年三月二十八日付で左の如き「盟約書」を永平寺環溪・總持寺奕堂の連名でとり交わした。

　本月廿四日、盟約書御書下ゲニ相成《リ》候

御演達ノ趣、深ク奉《ル》二敬承《シ》一。今後両寺一体毫末ノ異情不レ可《カラ》レ有《ル》レ之候。尚宗弊釐正之儀ハ碩学徳望之者ヲシテ決議セシムベク、依《リ》レ之《ニ》為《メ》二後鑑《ノ》一盟文互ニ為《シ》二取《リ》替《ハ》一候也。

【読下文】

本日廿四日、盟約書、御書下げに相成り候。御演達の趣き、深く敬承し奉る。今後、両寺一体、毫末の異情、之れ有る可からず。尚お、宗弊釐正の儀は、碩学徳望の者をして決議せしむべく、之れに依り後鑑のために盟文互いに取り替わし候。

明治五年壬申三月廿八日

永平寺　環渓

總持寺　奕堂

こうして右の盟約書は、翌二十九日に大蔵省戸籍寮に提出された。その後、この盟約書は具体的な内容を副えて十カ条に成文化され、「両山盟約」として明治十二年（一八七九）二月二十五日に発表されるに至ったのである。

この両山盟約の締結は前述のように維新政府の演達勧告によったものであり、従って国家の指示によってその近代化が推進されたわけで、宗教の主体性という点から深く省みられねばならない。だがともあれ、約一万五千カ寺を有する曹洞宗の大教団が、この両山盟約を出発点に、両山親政ともいうべき一つのまとまった近代教団として成立したことはまことに慶賀すべきことであった。

2　教団近代化運動の推進

教団近代化の推進

さて前述のように、近代曹洞宗教団の成立は永平寺・總持寺両本山の「水乳《すいにゅう》ノ如」き和合を旨とする両山盟約の基盤の上に立つものであった。

ところでこの両山盟約が結ばれた明治五年（一八七二）という年は、日本近代史においても陸海軍両省の設置、学制の発布、鉄道の開通、太陽暦の実施など幾多の改革がおこなわれた画期的な年であった。また宗教界においては、ようやく廃仏毀釈に対する政府の反省と仏教界の覚醒の時期に入り、前年に神祇官が神祇省と改められたあと、この年の三月十四日に神祇省が廃止されて教部省が設置された。この教部省の設置は、前述の曹洞宗門の碩徳会議で主役を演じた江州清涼寺の鴻雪爪《おおとりせっそう》の進言や本願寺島地黙雷の建議によったもので、これまで神道国教化の方針にそって別扱いにされていた仏教は、ここで神道と平等に、合わせ管理されることになった。ついで四月二十五日に、政府は「僧侶ノ肉食妻帯蓄髪等可《シ》レ為《ル》二勝手一」の布告を出すとともに、教部省に属する教導職《きょうどうしょく》の職制を定め、全国の神官と僧侶を教導職に任命した。かくて神官と僧侶が提携して国民の教化活動に当たることになったのである。ところで、この教化活動の根本目標として定められたものが、一、敬神愛国の旨を体《てい》すべき事。一、天理人道を明かにすべき事。一、皇上《こうじょう》を奉戴し朝旨《ちょうし》を遵守せしむべき事。のいわゆる「三条の教則」である。これはなお神道的色彩の濃いもので、後に信教自由の原則から島地黙雷によって厳しく批判されるが、このように教導職の任命と、「三条の教則」が発表されると、仏教各宗はこぞって政府の方針に賛同して、熱意をもって国民教化の運動に当たるべく、五月に各宗連合の教導職養成機関として大教院《だいきょういん》の設立を願い出るにいたった。

さて曹洞宗門においても積極的にこの政府の方針に協力し、六月五日には、教導職巡回説教の儀を、十六日には「三条の教則」の発布、大教院創立宣布の趣旨およびその経営費の徴収方等をそれぞれ末派寺院に示達したのである。こうして九月には大教院が設置されるにいたった。一方、また宗門においては、協和盟約の実をあげるべく近代教団の組織を改革する準備を進め、十月三十日、碩徳会議を開き、衣体《えたい》・結制《けっせい》・罷参斎《はさんさい》・打給《たきゅう》・戒会《かいえ》等のことを決定し、これを全国の録司《ろくし》（僧録司、僧侶の登録を司る所）に通達したのである。ところでこの年、曹洞・臨済・黄檗三宗全体の禅宗管長が、合議のうえ、天龍寺住職由利滴水《ゆりてきすい》に決まったことは新しい教団体制の動きとして注目すべきことであった。だがこの三宗を併せた禅宗管長制は、明治七年（一八七四）二月に教部省が臨済・曹洞両宗の宗名称呼を認め、両宗各別に管長を設けることが許されて廃止されたのである。

宗務局の設置と教団組織の形成

さて曹洞宗教団においては、前述の曹洞宗の宗名称呼の正式認可を機会に、両本山東京出張所を曹洞宗務局と改称するとともに、全国録所の称を廃して曹洞宗務支局とするにいたった。この曹洞宗務局と曹洞宗務支局の改称は、前述の両山盟約の締結とともに、總持寺の歴史の上では勿論のこと曹洞宗全体の歴史の上においても注目すべきことで、ここに曹洞宗教団組織の近代化の第一歩が印せられたのである。

こうして近代曹洞宗教団の組織形成の先頭に立った宗務局は、教部省と配下の宗務支局・末派寺院との間に立ってその連絡と指導に尽瘁〔力を尽くすこと〕すると共に、教団全体の宗政・教学のいっさいの事務を管轄する地位に置かれるに至った。この年明治七年（一八七四）の三月、僧侶の族籍が定められた旨を述べてそれが廃寺排仏の意図でないことを説いたり、五月に、教部省の達示《たっし》により末派寺院の寺禄を調査したり、七月には教部省から達示があった寺院住職に対する資格を末派寺院に普《ふ》達《たつ》したりしたことなどは、早くも始まった宗務局に課せられた近代教団の新しい仕事であった。こうした宗務局を中心にした積極的な活動は、同時に曹洞宗教団全体が新時代に対応せんとする近代化への息吹きでもあったのである。

さて總持寺においては、この年の九月十五日、太祖瑩山禅師の五百五十回大遠忌法要会が厳修されたが、この円成《えんじょう》〔無事終了する、完成すること〕はまさに近代曹洞宗教団形成の門出を飾るにふさわしい大慶事と言ってよかった。そして翌明治八年（一八七五）一月十三日には、總持寺山内の五院を廃してこれを本山に合併し、同時にその庵末も本山直属とし、かくて總持寺は近代教団の本山としての形態をも整えるに至ったのである。またこの年の十一月十五日、第一次末派総代議員会議が宗務局において開催され、西有穆山《にしありぼくさん》・畔上楳仙《あぜがみばいせん》・日置黙仙《ひおきもくせん》ら五十四名が出席し、協議の結果、両本山並に宗務局、専門学本校の運営の経費は全国末派寺院が支出負担することが議決された。このことは全国の末派寺院が、平等の立場にたって権利と義務を行使する近代教団の一員であることが、お互いに承認されたことを意味するのである。

以上のようにして両山盟約の成立、宗務局の設置また總持寺独住制の開始、そして第一次末派総代議員会議の開催などによって曹洞宗教団の近代的体制が着々と推進されていった。かくて次にはこうした近代化の内容を成文化する作業が宗務局を中心にして具体化され、ここに近代的宗制が成立していったのである。

近代的宗制の成立

近代的宗制の成立の出発点は、明治十二年（一八七九）二月二十五日の盟約書の発表である。これは両本山の貫首及び執事たちが明治五年の両山盟約を「益々鞏固」にしようとしてこれを成文化したもので、冠頭に序文があって十カ条よりなり、最後に永平寺住職久我環渓、總持寺住職諸嶽奕堂を筆頭に、続いて永平寺、總持寺それぞれ執事三名、直末総代一名が連署したものである。この盟約書についてまず最も注目しなければならないのは、これまでの両本山の紛争に一挙に終止符をうち、「混和親睦」を旨とし、両本山が相提携して「宗風挙揚《しゅうふうこよう》」の実をあげることが大前提となっている点である。そしてその実現の具体的な方法として、第一に両本山の同等の権利を確認し合い、その上に立って曹洞宗教団として新たに曹洞宗務局を設け、「宗門ノ制令ヲ一途ニ」して全国の末派寺院を統轄し、第二に教導職管長を設け両山貫首が一年交代でこの職につき「教務」を管理することを定め、第三に全国教導取締宗務支局が、全国末派寺院の衆議を議決する機関として設けられ宗門の重大事件を決定することが定められたのである。すなわち曹洞宗教団に、一つのまとまった近代的宗団として〝曹洞宗務局・教導職管長・全国教導取締宗務支局〟が置かれ、宗政と教務がそれぞれ独立しつつ、曹洞宗教団として有機的に運営する機関が宗制として成立したのである。

この盟約書の中で特に注目すべき点は、第五条に、宗門の存亡に関する重大な事件があって両本山の意見が異なるときは全国教導取締宗務支局の「衆議」によるか、末派寺院の総代議員によって「公論」に決するか、いずれかであることが定められていること、また第七条に、貫首の交代は投票をもって確定することが定められていることである。すなわち以上二つのことは民主主義的な立場にたっていることを意味し、このことは曹洞宗教団の近代化という観点からは画期的なことであったといわなければならない。

さてこのような両山盟約の成文すなわち盟約書の交換、承認はそれより今日に至る約百年の間、近代曹洞宗教団の立脚点として貫かれてきたものであり、盟約書それ自体は今も変わらぬ歴史的な「治宗の法典」であり、生きている立宗の原点であるとしなければならない。

ところでさらに明治十四年（一八八一）十月十一日、第二次末派総代議員会議において宗門の根本法典を制定すべき決議がなされ、瀧谷《たきや》琢宗《たくしゅう》・青蔭雪鴻《あおかげせっこう》等が曹洞宗規編制委員となってその編修に着手し、翌明治十五年（一八八二）五月五日、ここに「曹洞宗本末憲章」が発布されたのである。この憲章は、はじめに序文があって、続いて本山の末派に対する権利・義務、末派の本山に対する権利・義務および「総結」の合わせて五章・二十三カ条からなるもので、この憲章の趣旨は、両本山と末派寺院との間の権限を明らかにし成文化したものである。その最大の特色は、この憲章が「世間民法ノ類」にならうのではなくて、あくまでも立憲の根本を道元禅師・瑩山禅師両祖の清規におこうとしている点であり、両本山が宗規を厳密にして「末派法孫ヲ覆護《ふくご》スル」ことを主張していることである。

以上のようにして「両山盟約書」と「本末憲章」が相次いで成文化されて発布されたが、この両者の関係・性格は前者はいわば横の盟約であり、後者はいわば縦の盟約であるということができよう。

こうして次に明治十七年（一八八四）八月十一日、これらを総合した「曹洞宗宗制」が太政官達をもってその編制を指令され、同時に政府は教導職を廃止し、寺院住職の任免・教師等級の進退などに関する権限を管長に委任するにいたった。この曹洞宗宗制は第一号から第十一号までにわたり、その内容は両山盟約（一〇カ条）・本末憲章（五章二三カ条）・寺法条規（一一カ条）・教会条例（五章二三款）・派出布教（一二カ条四〇款）・管長巡化《かんちょうじゅんけ》（一六カ条）・僧侶分限《そうりょぶんげん》（一九カ条）・住職任免（六章三六カ条）・遺書《ゆいしょ》規程（二一カ条）・托鉢修行（二〇カ条）・警誡条規《きょうかいじょうき》（二一カ条）からなっており、これは翌明治十八年（一八八五）八月一日から実施に移されたのである。

さてその後、時勢の進展によりこの曹洞宗宗制は、明治三十五年（一九〇二）から二カ年半の歳月を費やして調査・審議が重ねられて改正され、ついに明治三十九年（一九〇六）二月二十八日、「曹洞宗宗憲」として大本山永平寺貫首森田悟由《もりたごゆう》・大本山總持寺貫首石川素童《いしかわそどう》の名をもって告諭されて発布されたのである。かくてここに宗制はようやく完備され、明治初年以来の懸案であった宗門制度は、名実ともにその近代化をなしとげたのであった。

この曹洞宗宗憲は、本山及貫首（三カ条）・管長（二一カ条）・末派寺院及僧侶（一一カ条）・議会（二一カ条）・宗務職員（三カ条）・会計（七カ条）・補則（四カ条）の七章からなり、さきの本末憲章に両山盟約の精神を加味し、そのうえ大日本帝国憲法に範をとって編制されたもので、当時の宗門においてはまさに「完璧」を誇るものであったのである。

3　近代教化運動の展開

宗門教育の近代化

そもそも高祖道元禅師、太祖瑩山禅師の立宗開教の本源的目的は真実の人間育成にあったと言ってよい。したがって曹洞宗教団の近代化の眼目は何よりも宗門人の教育の近代化に注がれねばならないのである。

明治維新政府の宗教家による国民教化政策は、「三条の教則」にもとづく各宗連合の大教院を中心にしたものであった。しかしこれはもともと国家神道を主体にしたものであったから、西本願寺の島地黙雷らが中心となり大教院分離の請願運動が展開された。そしてついに明治八年（一八七五）五月二日、各宗連合の大教院は解散し、ここに信教の自由と仏教各宗の布教の自由が認められ宗門教育の近代化が方向づけられたのである。

曹洞宗教団においては、この年の五月十日に、東京府愛宕町の青松寺に改めて曹洞宗大教院が仮設され全国末派教導職を統轄することになり、十八日にその開筵式《かいえんしき》がおこなわれた。これよりさき、宗門としてはこれまでの地方寺院の僧堂中心の徒弟教育に加えて新時代に即応した教育体制を整えるべく、両本山が中心となり碩徳会議を開き曹洞一宗の宗侶教育機関として新しい学校の設立を決定した。こうしてこの年明治八年六月十五日、同じ青松寺において学寮の獅子《しし》窟《くつ》を仮校舎にあて曹洞宗専門学本校の開校式がおこなわれ、ここに曹洞宗教団の教育近代化の第一歩が印せられたのである。だがこの曹洞宗専門学本校は三学年九級制で、定員二百人、全国から選出する規則であり、学生々活は古来の僧堂生活を基準とした厳しいものであった。ところで曹洞宗専門学本校の青松寺寮舎の獅子窟は狭隘であったためか、この年の八月宗内評議の末、駒込吉祥寺の旃《せん》檀林に移転することになり、翌明治九年（一八七六）三月に移転決行し、四月から旃檀林において授業が開始された。

そののち明治十三年（一八八〇）頃より、一宗独立の一大学園の建設、専門学本校の移転新築論がおこり、翌十四年に宗門の碩徳耆宿《せきとくぎしゅく》、政界・財界の長老の間で論議されるにいたった。そこで初めは駒込吉祥寺の旃檀林の敷地と寮舎を譲り受けてここに校舎を新築する案であったが、この交渉は成立しなかった。しかし宗門当局はこの場合に備えてかねてより新敷地を探していたので、徳島県久次米氏の尽力により東京府麻布日ケ窪の旧鹿児島士族重信常憲《しげのぶつねのり》氏の所有地を買受けることができ、ここに曹洞宗大学林《そうとうしゅうだいがくりん》を設置する運びとなった。こうして新校舎の建設は宗門各界の協力により意外に早く進み、明治十五年（一八八二）十月十日には曹洞宗管長を迎え開校式を挙げるにいたったのである。

この曹洞宗大学林は、永平寺・總持寺両本山が中心となり、宗門代表の協議により曹洞宗教団の総力を結集して完成した宗門独立の最初の近代的教育機関であった。両山盟約によってうたわれた両本山一体化の実は、この大学林の建設を通じて見事に発揮されたといわねばならない。そして明治十八年（一八八五）八月、曹洞宗大学林はこれまでの宗務局直轄の制度を改めて総監制をしき辻顕高《つじけんこう》師が第一代の総監に任命され、宗門の教育近代化の事業は「一宗盛衰ノ係ル所」として非常な熱意をもって着々と進められていった。

明治二十三年（一八九〇）十月、日本教育史上に大きな意味をもつ教育勅語が発布されたが、曹洞宗教団においてはこれにさきがけて七月に「曹洞宗教育ノ方針」・「曹洞宗教育令」が発令された。前者の「曹洞宗教育ノ方針」は単に大学林の教育にとどまらず、教団全体の教育に対する方針を示したもので、「第一、宗門僧侶ニ宗門思想ヲ養成セシムル事」、「第二、教育ノ普及ヲ計ル事」、「第三、僧堂学林ノ会融ヲ計ル事」の三項からなるものである。すなわち宗門の近代教育の眼目は宗門思想の涵養と普及および両本山を中心にした僧堂教育と大学林を中心にした近代的学校教育の融和であった。したがってさきの曹洞宗専門学本校時代の伝統的僧堂教育をより重視した性格はここに改められたと言ってよいのである。宗門当局が宗門人の教育の中核を宗門思想の養成におき、さらにその視野を伝統的な出家主義教育と世俗的近代教育、宗門思想と近代思想の両面に注いだことは、高祖・太祖以来の教育の伝統を継承、発展せしめた炯眼というべく、今日といえどもなお生きている宗門教育の不動の方針といえよう。

そののち時代の進運とともに宗門教育の諸規定・制度・内容は改正、充実、整備されていったが、明治三十八年（一九〇五）一月一日から曹洞宗大学林は専門学校令によって私立曹洞宗大学と改称され、一月九日あらためて開校式が挙行された。さらにその後、明治四十五年（一九一二）より東京府世田谷の駒沢に移転改築が進められ、大正二年（一九一三）一月十五日、校舎が竣工した。そののち大正十二年（一九二三）関東大震災のため校舎は壊滅したが、翌年鉄筋コンクリートの校舎が再建され、大正十四年（一九二五）三月三十日に駒沢大学と改められ、その後、幾多の進展をとげて今日に至っているのである。

ともあれ宗門教育の近代化は曹洞宗一宗総合の最高学府駒沢大学の成立およびこれよりはやく、明治二十九年（一八九六）に開校された全国三十カ所に及ぶ曹洞宗中学林の設置によってその一翼が確立したのであった。そしてさらに宗門当局においては、永平寺・總持寺両本山を中心にし旧弊を一掃した新時代にふさわしい諸行持の改定と、僧堂教育を中心にした伝統的宗門教育の充実を企図したのである。

伝統的宗門行持・教育の充実

伝統的宗門行持等については、まず早く明治五年（一八七二）十月三十日、永平寺・總持寺両本山の碩徳会議が開かれ、両山合意の上で衣体・結制・罷参斎・打給・戒会等の諸件を統一的に決定して全国の録司に通達し、そのうち衣体については明治二十一年（一八八八）一月二十日に五条は掛絡《から》、七条以上は環紐《かんちゅう》を廃止すべきことが定められた。ついで明治維新政府は太陰暦を廃止して太陽暦を採用し明治五年十二月三日をもって明治六年（一八七三）一月一日とした。両本山においてはこれにともなって三仏会《さんぶつえ》（降誕《ごうたん》・成道《じょうどう》・涅槃会《ねはんえ》）ならびに諸祖忌を新暦の月日に改めるべきことを定めた。このことはそののち具体的に進行し、明治十年（一八七七）十月二十日には、高祖道元禅師の遷化年《せんげ》月日建長五年八月二十八日を同年（一二五三）九月二十九日とし、太祖瑩山禅師の遷化年月日正中二年八月十五日を同年（一三二五）九月二十九日として「祖師忌改正条例」を出した。また下って明治三十三年（一九〇〇）一月一日には、高祖・太祖の誕辰《たんしん》〔誕生日〕を太陽暦に切り替え、道元禅師の誕辰正治二年正月二日を同年（一二〇〇）一月二十六日とし、瑩山禅師の誕辰文永五年十月八日を同年（一二六八）十一月二十一日とし、当日は全国末派寺院も慶讃の法会を修すべき旨が普達されたのである。

こうしてこれらの三仏会、高祖・太祖の忌辰《きしん》及び誕辰会の新暦切り替えは曹洞宗教団の諸行持、布教及び僧堂教育に新時代の息吹きを与え、このときに改められた期日および行持はそのまま現在にひき続いて厳修されているのである。

さて僧堂教育の面においては、明治十一年（一八七八）二月十六日に總持寺において、僧堂が開単《かいたん》され雲衲《うんのう》五十人の掛搭《かた》を許可し、同年八月十六日、永平寺においても同様のことが行なわれた。ついでこの年の九月に永平寺において二祖国師孤雲懐奘《こうんえじょう》禅師の六百回大遠忌法要会が予修された。このとき上山《じょうざん》の有志老僧中五十余人が連署し、両本山に対して僧堂開設の請願を行なった。こうした動静は両本山及び地方諸寺院が新時代に即応し一致協力して僧堂教育の充実を計らんとする意欲の現われであると言ってよいであろう。いっぽうこれらの動きに呼応して明治四年から十八年にかけて「曹洞宗僧侶托鉢免許方法及取締規約」、「結制安居規則」、「大学林専門学本校生徒両本山拝登掛錫規定」が定められ、宗門の伝統的僧侶教育の規約が着々と整備されていった。

このような気運の中に明治二十二年（一八八九）六月五日、かねて進行中の總持寺の僧堂が竣工し、この日落慶式および開単式が挙げられたのであった。こうした規則、施設の充実は青年僧の本山修行への道心をうながし、翌二十三年（一八九〇）二月十二日、宗務局は、両本山僧堂修行僧の数がこれまでより三十五名増し、八十五名になったことを普達するにいたっている。

かくして明治二十八年（一八九五）十一月五日、宗務局は「曹洞宗両本山僧堂規程」・「曹洞宗認可僧堂規程」・「曹洞宗師家規定」を制定し、翌二十九年（一八九六）二月十六日から実施すべき旨、普達した。そしてこの年の十二月十五日、かつて要望のあった認可僧堂は愛知県の安養院以下二十二カ寺が許可され、そののち昭和三年（一九二八）から五年（一九三〇）にかけて静岡県の可睡斎《かすいさい》をはじめ地方の歴史的に由緒ある諸寺院が次々と専門僧堂に指定されたのである。

以上のようにして、近代曹洞宗教団の教育体制は、宗門大学教育制度の完成と教団の諸行持の改装、及び認可僧堂・専門僧堂さらに認可禅林等の形成によってほぼ完成の域に達したのであった。

『曹洞教会修証義』の結集

近代の曹洞宗教団は、宗政機構の整備、宗制の成文化、近代的宗門学校教育の創設、僧堂教育の充実等によって名実ともに完成の域に達したが、さらにこれを母胎として檀信徒及び一般在俗者への近代教化運動も広く展開していった。

宗門の近代教化運動の根本課題は、第一には高祖道元禅師・太祖瑩山禅師の宗旨をいかに檀信徒に

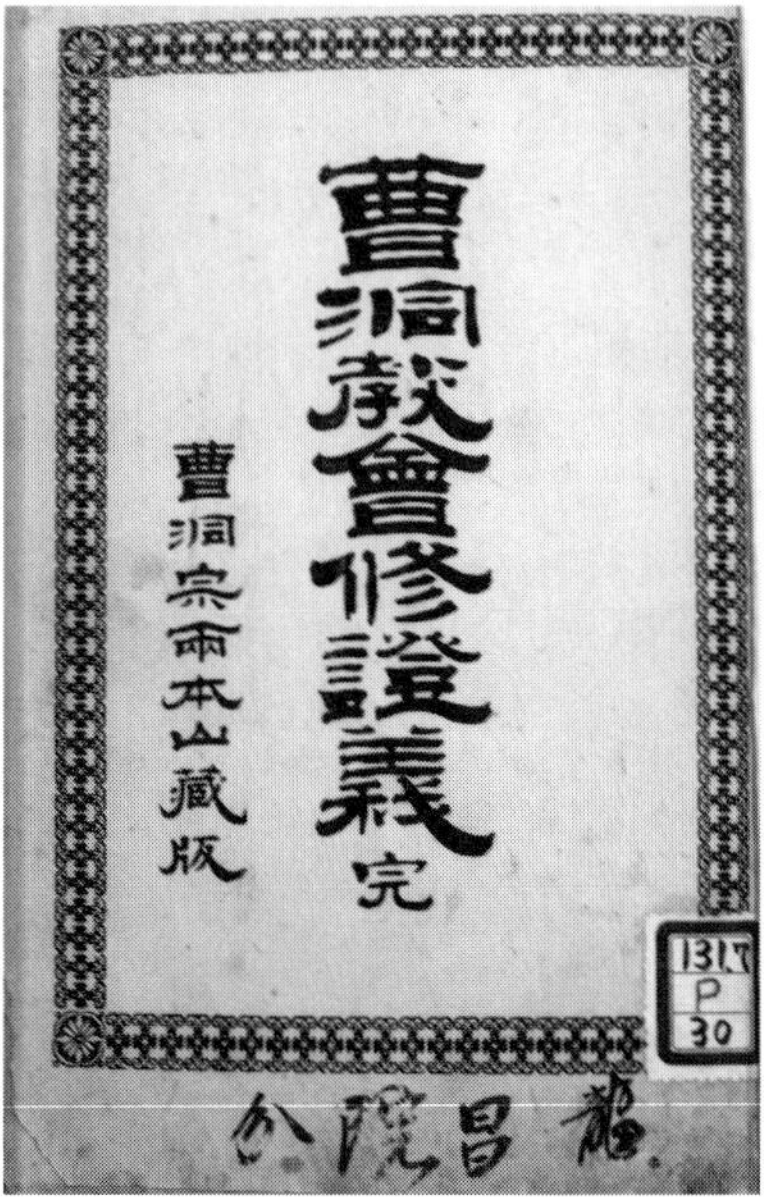

17 －『曹洞教会修証義』

徹底させて宗意安心《しゅういあんじん》を得させるか、第二には両祖の宗教をいかに欧米の近代思想と対決させて近代的に護持し展開させるかにあったといえよう。

こうした曹洞禅の近代教化運動をさきがけて推進したのは大内青巒《おおうちせいらん》（一八五四—一九一八）を中心とする曹洞扶宗《ふしゅう》会であった。大内青巒は在家仏教徒として居士《こじ》仏教を唱道し、宗教、教育、出版、慈善事業など各方面に縦横な活動を続けたが、明治二十一年（一八八八）には一般在俗者を布教対象にした『洞上在家修証義《とうじょうざいけしゅしょうぎ》』を出版するに至った。ところがこの『洞上在家修証義』の出版は曹洞宗門の内外に大きな反響をまきおこし、とくに各府県宗務支局詰の教導取締の任にあった宗侶たちは、東京青松寺で集会を開き、『修証義《しゅしょうぎ》』をもって在家化導法に採用されんことを両山貫首に建議したのである。

そこで宗門当局としては、改めて、永平寺滝谷琢宗《たきやたくしゅう》・總持寺畔上楳仙《あぜがみばいせん》両本山貫首を中心にして宗門の碩学および両本山詰役員さらに扶宗会員も加え、宗門の英知を集めて『修証義』の結集《けつじゅう》事業を遂行するに至った。かくて再三にわたる慎重な修訂・審議を経て『修証義』は完成し、明治二十三年（一八九〇）十一月四日、宗務局は『曹洞教会修証義』と公称し、その刊行発売を全国末派寺院に普達した。続いて両本山貫首はこれを曹洞宗教団の布教の標準とすべき旨の告諭を出すにいたり、ここに近代曹洞宗教団の檀信徒の根本教典が正式に決定したのであった。こうして宗門の禅侶はこの『曹洞教会修証義』を布教の聖典とし、各方面に活発な教化活動を開始するにいたった。この間に曹洞扶宗会に対する有志会の設立など宗門内の軋轢もないではなかったが、宗門の近代教化運動は、大内青巒いらいのこの『曹洞教会修証義』の結集運動を契機にして内外に広く展開されていったと言ってよい。

国内の教化活動

まず国内においては、明治二十二年（一八八九）四月、東京青松寺を中心にして結成された仏教育年会、また六月、原坦山《はらたんざん》を会長にして設立された曹洞青年興道会、翌明治二十三年（一八九〇）三月、東京芝高輪の保安寺高橋政善を中心に創立された仏教青年知徳会、さらに明治二十四年（一八九一）二月に陸鉞巌《りくえつがん》・清水龍山《しみずりゅうざん》ら曹洞宗大学林出身者による曹洞宗正義会《しょうぎかい》の組織化が行われた。こうした曹洞宗門の青年僧侶たちの会の結成と研修活動は曹洞禅の近代教化運動の推進力となったのである。また明治二十二年八月の東京青山の青原寺《せいげんじ》における曹洞宗婦人教会の設立や翌二十三年六月、東京青松寺において曹洞宗寺院の共同によって開かれた貧民救恤《きゅうじゅつ》大演説大会等は曹洞禅の近代教化運動をさらに一歩進めたものとして注目してよいことであろう。

さらに明治から大正にかけて注意すべき宗門の動静は北海道における教線の拡大である。北海道における曹洞禅は室町時代の文明・延徳年間（一四六九—九二）、法源寺・法幢寺の開創に始まるが、幕末までは浄土宗・天台宗・臨済宗に圧倒されて教化活動の有力寺院、三官寺の一つにも指定されえなかった。しかし近代に入り、明治十五年（一八八二）一月、小松万宗およびのちの總持寺独住三世西《にし》有穆山《ありぼくさん》の畢生の努力によって永平寺六十一世久我《くが》環渓《かんけい》を勧請《かんじょう》開山とする中央寺《ちゅうおうじ》が寺号公称の認可を得て創立してより、大正、昭和にかけて続々と寺院が開創され、曹洞宗は現在実に四百四十カ寺の多きにのぼり、各宗全仏教寺院数の約五分の一を占めるに至ったのである。また現在、釧路市に定光寺の専門僧堂があり、岩見沢市には昭和三十九年（一九六四）一月、駒沢大学の教養部および付属高等学校、また苫小牧市にも同じく付属高等学校がそれぞれ設置された。続いて翌昭和四十年（一九六五）には岩見沢・苫小牧両市にそれぞれ駒沢大学短期大学が設立された。こうした宗門の大学・高等学校の開設は、現在、北海道における曹洞禅の近代教化運動の原動力となっているのである。（補注6）

次に海外における布教活動に目を向けてみよう。

（補注6）現在、大学・高校の統廃合が行われ、苫小牧駒澤大学と駒澤大学付属苫小牧高等学校のみがその任に当たっている。

海外布教活動の進展

海外における曹洞禅の布教活動は前代には見られなかった画期的なものと言ってよい。だが明治二十四年から二十七年（一八九一―四）にかけて起こった能本山分離独立運動という宗門史上未曾有の不祥事件のために真宗教団に比べて二十年の遅れをとったことは深く遺憾としなければならない。ともあれ、その後、明治三十四年（一九〇一）四月、山崎快英《やまざきかいえい》の米国留学をさきがけとし、明治三十九年（一九〇六）の山上曹源《やまがみそうげん》（インド・米国）、明治四十四年（一九一一）の忽滑谷快天《ぬかりやかいてん》（欧米）、大正二年（一九一三）の宇井伯寿《ういはくじゅ》（独）、大正八年（一九一九）の木村泰賢《きむらたいけん》（欧米）、昭和元年（一九二六）の渡辺楳雄《わたなべばいゆう》（欧米）師等を代表とする宗門人の海外渡航は直接的には学問研究を主要目的としたものではあるが、それはその根本に欧米近代思想の摂取と曹洞禅との対決という課題をふまえたものであり、後に近代の曹洞宗学を生む源泉となり、また教化活動の母胎となったのである。

　さて教化・布教を第一の目的とした海外渡航は、明治四十一年（一九〇八）十月、總持寺独住四世石川素童《いしかわそどう》貫首が台湾巡視の途についたのがその始めである。その後、台湾においては明治四十四年（一九一一）四月、霖玉仙が台湾布教総監に任ぜられ、台北に布教総監部が置かれた。下って大正十二年（一九二三）には、大本山台北別院が新築し、永平寺六十七世北野元峰《きたのげんぽう》管長がその落成・入仏・

遷座式を親修し全島を親しく教化して巡った。また大正十五年（一九二六）には高橋俊英が布教視察のため台湾に渡った。次に樺太《からふと》にも大泊《おおどまり》に布教総監部が置かれ、大正十年（一九二一）七月に佐々木珍龍《ちんりゅう》によって樺太教化状況の視察が行われた。また朝鮮においては、明治四十四年（一九一一）九月に朝鮮布教総監部が京城に置かれ、北野元峰が布教総監に、上野瓶城《うえのへいじょう》が副総監にそれぞれ任命された。さらに中国に対しても北京と南京にそれぞれ華北・華中、華南布教総監部が置かれた。大正二年（一九一三）、十一年（一九二二）にはそれぞれ来馬琢道《くるまたくどう》、秋野孝道《あきのこうどう》等が仏蹟の巡拝、視察に渡航し、続いて大正十五年（一九二六）には保坂玉泉《ほさかぎょくせん》・安藤文英《あんどうぶんえい》等が中国巡化の旅にのぼり、山下默応《やましたもくおう》は山東省淄《し》川県《せん》風井《ふうせい》に黌山《こうざん》私立風井学校を興したのである。

このようにして曹洞宗教団は、日清・日露戦争の後、海外諸地域、中国大陸に対して積極的に布教活動に従事したが、この頃これらの海外布教に最も目ざましい活動をなしたのは、日置默仙《ひおきもくせん》（一八四七―一九四二）、新井石禅《あらいせきぜん》（一八六四―一九二七）の両本山貫首であろう。

永平寺六十六世日置默仙貫首は、明治四十四年十月、シャム（タイ）国の皇帝戴冠式に参列のため、日本仏教各宗派管長を代表し、日本仏教青年会の代表来馬琢道等と共に渡航し、十二月、シャム皇帝に謁した。そののちシンガポール・ビルマ・インドを巡察布教し、大正元年（一九一二）に帰国した。また師は、大正三年（一九一四）十一月に中国山東省の青島《チンタオ》戦跡を巡錫するために渡海し、目的を果たしたのち台湾に渡り布教に努めた。つづいて翌大正四年（一九一五）七月にはサンフランシスコにおける万国仏教徒大会に参加のためアメリカ合衆国に渡り、そのついでにウィルソン大統領に会見し、そののちハワイ各地を巡化するなど布教・伝道に縦横な活躍をなしたのである。

さて次に總持寺独住五世新井石禅《あらいせきぜん》貫首は、南満州鉄道会社から鉄道沿線の巡回講演を委嘱され、大正八年（一九一九）十月、両本山貫首代理として布教のために渡満し、十二月にはきびすを返して遙かハワイへ教化に赴いているのである。ハワイのホノルルには布教総監部が置かれたが、その後、大正十年（一九二一）六月、師はこんどは總持寺貫首として再びハワイに赴き、別院の新築にあたって入仏開堂式を行なって教化に専念した。ついでさらに来馬琢道・祥雲晩成《さくもばんじょう》・新井石龍師等を随えてアメリカ合衆国に渡り、ハージング大統領に会見しているのである。

このようにこの二師の海外布教の行動範囲は、満州・中国・東南アジア・ハワイ・北米合衆国等の広大な範囲に及んでいるのである。そのほか、とくに布教を目的として海外に渡航した宗門人として大正十四年（一九二五）五月北米合衆国在留同胞慰問布教および宗教事情の視察に赴いた宮坂喆宗《みやさかてつしゅう》、並びに大正十五年（一九二六）八月、布教総監部の置かれている北米ロサンゼルス市の曹洞宗布教所開堂式参列のため渡航した松浦百英《まつうらひゃくえい》両師の活動の如きも注目すべき海外の教化活動であったといえよう。

以上のようにして曹洞禅の近代教化運動は、明治の後半期から大正・昭和にかけて、教団近代化の諸問題を克服しながら、国家の対外発展とその国策に順応しつつ活発な活動を展開し、洞上の玄風は広く世界にまで宣布されるに至ったのである。こうした曹洞禅の海外布教という事実は、總持寺の歴史の中においては空前のことであり、ここに民衆教化を本領とされた瑩山禅師開教の精神が近代という時代に即応して遺憾なく発揮されたといわなければならない。

七　新時代への試練

18 －大本山總持寺全景図（大正 11 年）

1 能山分離独立運動の展開

大本山總持寺は、明治四十四年（一九一一）七月二一日、能登国（石川県）鳳至郡櫛比庄（門前町）から現在の神奈川県横浜市鶴見区鶴見町に移転し、十一月五日、放光堂と跳龍室の竣工をまって移転遷《せん》祖式《そしき》が挙行され、ここに總持寺の新時代の第一歩が印せられたのである。しかしそれまでに能山分離独立運動という新時代を生み出す陣痛の苦難の歴史を体験しなければならなかった。

運動の発端と独立の宣言

能山分離独立運動というのは、能登の本山總持寺およびその末派寺院が永平寺およびその末派寺院を含んだ曹洞宗教団から分離して、独立した別の曹洞宗の一派を形成しようという運動である。

明治二十四年（一八九一）五月、たまたま滝谷琢宗《たきやたくしゅう》永平寺貫首が退任したあと、森田悟由《もりたごゆう》・西有穆《にしありぼく》山《さん》両候補が立って貫首選挙が行われ、森田悟由が当選して永平寺貫首に就任した。ところが西有穆山を推した能山系末派総代議員の菊池大仙《きくちだいせん》らが選挙に不正があったとして『曹洞史略』などを著わして森田悟由を非難し、ここに選挙の不正の有無をめぐって越山永平寺派と能山總持寺派に分かれて互いに論難が続き、ついに裁判沙汰にまで持ちこまれたのである。

そこでこれを契機に同年十月二十三日、曹洞革新同盟会が結成され、その本部は石川県鳳至郡穴水の瑞源寺に置かれ、㈠宗幣洗除《しゅうへいせんじょ》、㈡興学布教《こうがくふきょう》、㈢利財匡正《りざいきょうせい》の三綱領を掲げ、翌明治二十五年（一八九二）二月十八日「能山独立」の建言書を畔上楳仙《あぜがみばいせん》總持寺貫首に上呈した。畔上貫首も勢いの赴くところこの建言をいれざるをえず、三月十九日、ここに両山分離能山独立の宣言が発せられるにいたった。この宣言の最初には、

眼ヲ拭《おお》ウテ我カ宗門近時ノ形勢ヲ観察スレバ、頗《すこぶ》ル紛擾惑乱ヲ極メ時事日ニ非ナルヲ覚ユル

と述べられ、近代になって宗門内に起こった曹洞扶宗会《ふしゅうかい》と有志会《ゆうしかい》の対立、大学林援助資金管理をめぐる護法会《ごほうかい》の訴訟事件、そして昨年の永平寺貫首選挙にまつわる訴訟事件等に対する鋭い批判と宗門存立の危機を訴えた。そしてこれらの紛争の原因は、永平寺・總持寺両本山併立制度と「彼ノ越山ガ我ガ本山ヲ圧倒シテ宗門ニ独一総本山タラントスル野心」であると断じ、この両山併立制度を一挙に廃止することによって紛争の根源を断ち、宗門本来のすがたに帰そうと主張したのである。しかもこの宣言の発布と同時に、（一）両山盟約解除、（二）宗務局並びに支局廃止、（三）曹洞宗議会消滅等を発表し、また畔上貫首はこれと併行して「曹洞宗宗制取消願」・「両本山分離願」を内務大臣に提出するにいたった。まことに宗門にとって空前の重大事件といわなければならない。

こうした能山分離独立のいわば爆弾的宣言がなされたので、森田悟由永平寺貫首は事の重大なるにかんがみ四月十八日、總持寺に出向いて畔上貫首と会見し、「両山一体和衷協同」について懇請した。

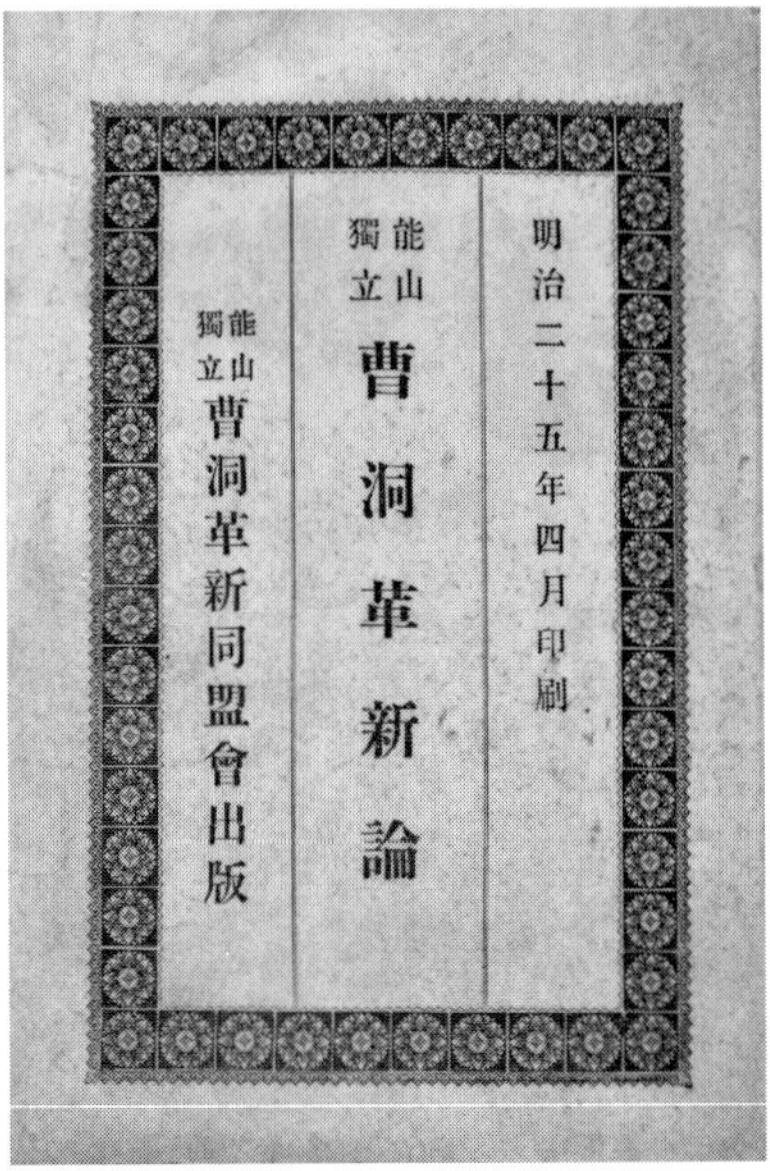

19 －『能山独立曹洞革新論』

しかし大勢の赴くところいかんともなしがたく、四月二十五日、畔上貫首は永平寺に対してこの勧告には応じられない旨の回答をすると共に、改めて両本山を分離し、おのおの別に管長を設置することをも要求するにいたった。同時に二十七日には、曹洞革新同盟会の名において『能山独立曹洞革新論』を出版し、分離独立の趣旨の徹底を期したのである。

紛糾と展開

このような宗門の情勢に対して、明治政府は放置しがたしと見て、五月五日、内務大臣副島種臣の名をもって畔上楳仙の管長認可を解除し、西有穆山・森田悟由両師に曹洞宗教団の「事務取扱」を命じ、臨時に宗務を「処弁《しょべん》」させようとした。ところでこの政府の訓令に呼応するかのように、五月七日、越山系の江西芳洲《こうせいほうしゅう》ら十三人の有志たちは〝曹洞宗両本山非分離同志会〟を組織し、両山盟約尊量、分離反対の趣旨にもとづき、㈠両山の協和を持続し宗門の安寧を保全す、㈡両祖の遺訓を奉行し宗門の永図を画策す、㈢旧来の陋習を打破し式微の宗風〔現在は衰えた本来の教え〕を宣揚す、という三章を断行する誓いを述べた「非分離同志結合趣意書」を各地へ配布するにいたった。また翌年五月に愛知県麻蒔舌渓《あさまきぜっけい》編輯の名において明教社から『曹洞宗史要』が刊行され、分離独立運動者に対して「破和合の匪徒をして回光返照せしめんと欲」すと真正面から戦いを挑んだのである。

いっぽう政府によって任命された事務取扱は、宗務を遂行する責任上から能山分離独立に関する達令の無効と現行宗制宗規の施行を末派諸寺院および總持寺に通達し、さらに總持寺執事の宗務局執務を命じた。しかしこれに対して總持寺侍局は、分離独立事業の翼賛と事務取扱諸達書の不関知を末派諸寺院に布達し事務取扱の命に応じなかったのである。

このようにして教団内における越・能両山系の対立はいよいよ深まり、臨済宗七派代表による和議の提案も成らず、ついにこの年十月七日、森田悟由永平寺貫首は畔上楳仙總持寺貫首に対し両本山盟約第九条の宗制違反として總持寺貫首を退隠すべき旨を申告するにいたった。

かくて明治二十五年は両山和合の見通しもつかず、一宗混乱のうちに暮れ、明治二十六年（一八九三）を迎えた。明治二十六年といえば近代日本の初めての国際的試練ともいえる日清戦争の前夜であったが、曹洞宗教団においてはこの世情の動きをよそに、両山の分離・非分離の運動は文書戦、末派寺院への勧説、政府への訴願、法廷起訴など激化の一途をたどり、とどまるところを知らなかった。

そこで内務大臣井上馨はこれを憂慮し、三月十八日、個人の資格で、越山側の森田悟由・弘津説三《ひろつせっさん》ら、能山側の畔上楳仙・石川素童ら、および中立者の東京芝青松寺の北野元峰《きたのげんぽう》ら十一人を官邸に招き、両山の和衷協同の道を開くよう勧告した。両山はこの内相の勧告を容れ、四人の両山全権委員を選び青松寺において両山協議を開催した。この協議会においては両山および中立側からそれぞれ具体的な和協三案が提出された。しかしこれはまとまらず、また事務取扱の提案した両本山調和委員の案および末派寺院間の講和派による建言書もともに能山側の承知するところとはならなかった。そして相互譲歩にもとづく最後的な解決案も中立側の北野元峰案もついに効を奏しなかったのである。かくしてこれまで十指にも及ぶ両山協和の解決案は悉く不成立に終り、両山の和協運動は絶望の淵に追いこまれたので、能山分離独立運動は一途に進行の歩を速めていった。

すなわちこの年の九月二日、總持寺においては能山末派議員選挙規則を発布し、この規則によって四十八人の議員を選出し着々と分離独立達成の準備を進めていった。こうして十一月六日から三日間にわたって芝公園の弥生館で能本山大会議が開かれた。そして能本山分離独立について宗制・寺法の最後的手続きをなし、明治五年いらい設置した總持寺東京出張所を引き払い、宗務は全て總持寺山内において処理し独立持久策をとることを協議したのである。このようにして能山分離独立運動は最終的に成功し、永平寺・總持寺を両本山とする総合的な曹洞宗大教団の歴史はついにその幕を閉じたかに見えた。

2　一体不二の両本山

ところが十一月八日、内務大臣は突如として曹洞宗事務取扱の服部元良《はっとりげんりょう》・星見天海《ほしみてんかい》に対し宗制違反者の処分を訓令してきた。急転直下、事態は一転したのである。かくて十一月十日、總持寺の畔上貫首は退隠を命ぜられ、森田悟由が永平寺と總持寺を兼務することになり、同月二十二日、これまでの總持寺貫首及び監院名儀の宗令・告示等はすべて無効であることが普達され、分離独立運動の首脳者たちは宗門擯斥および住職罷免等の処分を受けたのである。このようにして能山分離独立運動は、政府の干渉によって一挙に逆転して挫折してしまった。

しかしこうした政府当局の一方的な宗門教団に対する干渉はかえって問題を拡大することになり、ついに、明治二十六年十二月五日、および翌二十七年（一八九四）五月十五日に開かれた帝国議会に鵜飼郁次郎《うかいいくじろう》・小間粛《こましく》代議士ら多数の賛成者によって「曹洞宗事件に就て」質問書が提出されて政府の答弁を求めるに至ったのである。

運動の挫折と和合

さてこのように両山紛争が一宗教団内にとどまらず、国会の問題にまで発展してくると、さすがに和合本来の教団の姿に還らんとする反省・懺謝《ざんしゃ》の気運が教団の各方面にわいてきた。そして宗務局へ懺謝状を提出するもの、分離独立派の軽挙妄動を誡める記事の報道なども出て宗門の大勢は協和妥結に傾いていったのである。

こうして明治二十七年十二月十七日畔上總持寺前貫首は、両祖の真前《しんぜん》において両本山分離を宣言し協和を失したる罪過を懺謝し、また同日森田永平寺貫首も両本山分離紛議の責任を感じ、永平寺住職を退董《たいとう》〔退任〕することを宗務局に通達した。宗務局は「曹洞宗非常法規」を制定して能山分離独立の事件を法規的に処理し、かくて十二月三十日、内務大臣官邸において両本山の和解が講ぜられ、ここに三カ年にわたって宗門の内外を衝動させた能山分離独立運動は完全に終止符を打ったのである。そして翌日、非常法規にもとづいて改めて永平寺貫首に森田悟由が、總持寺貫首に畔上楳仙がそれぞれ特選され、明けて明治二十八年（一八九五）一月、森田悟由は曹洞宗管長に就任し、以後、両山貫首が隔年交代に管長に就任する制度が決定したのである。国内は日清戦争の捷報《しょうほう》〔勝利の知らせ〕が続々と伝えられ、国民はあげて戦勝の興奮の最中にあった。

両山一体不二

さて宗門においては、この年の三月二日、分離独立事件によって譴誡された二十五人のものを赦免するとともに、両本山貫首の連名をもって両山一体不二の協和に復帰し、同心戮《りく》力宗門を経綸するの告諭が末派寺院に発せられ、翌三月三日、東京芝の青松寺において両本山協和の大法要会が厳修されたのである。

このようにして永平寺・總持寺両本山を中核とした曹洞宗の大教団は、これまでの確執の禍根をいっさい水に流して一陽来復《いちようらいふく》の春を迎え、両祖への固い誓いのもとに、新しい時代への巨歩を踏み出したのである。

思うに宗門史上において驚天動地ともいうべき如上の能山分離独立運動は、こんごいかなる理由があろうとも両本山は一体不二《いったいふに》の協和の道を邁進する以外に生きゆく道のないことを全ての宗門人に骨身に徹して自覚せしめた点において、まさにかけがえのない貴重な歴史的体験であったのである。そしてまたこれを總持寺の歴史として見るとき、当時の總持寺側首脳者たちが、永平寺側の「宗門ニ独一総本山タラン」という歴史的省察の欠如を指摘して深い反省をうながし、護法会金の不管理と選挙投票不正事件等の宗門の世俗的転落に厳正な批判を下し、「宗門万世ノ安寧隆盛ヲ期図」しようとしたことは、たとえその分離独立運動の行き過ぎが非難されようとも、新時代飛躍の試金石を投じたものとして正当に評価されるべきであろう。

八　鶴見時代の總持寺

20 －三松閣

1 鶴見移転

明治三十一年（一八九八）四月十三日の午後九時過ぎ、總持寺大法堂より出火した猛火は、たちまちに全山に及び、十余棟の小建築、経蔵・舎利殿等の数棟を残して悉く烏有《うゆう》に帰し、翌十四日午前二時ころ漸く鎮火したのである。この実況は同年五月十五日の『宗報第三十四号附録』に長文で報告された。その中には、法堂西序《はっとうせいじょ》の入側辺より発火して下祠堂《しもしどう》より五院閣御真前《ごいんかくごしんぜん》に始まった猛火はほとんど全山の伽藍をつつみ勅使門および五節練塀《ごすじねりべり》におよんだすさまじさが述べられている。この時の火災にあった諸殿堂は文化八年（一八一一）のころより文政三年（一八二〇）のころまでに再建されたもので、明治十年（一八七七）～同二十一・二年（一八八八・九）ころまで総柿葺《こけらぶき》であったものを瓦葺に改修したものであった。ことに惜しまれるのは精緻・壮厳本山第一の美貌を誇った勅門の彫刻の焼失であり、また悲惨痛哭を極めたのは、堂宇の焼亡によってそれを囲む自然の景観が一変したことであった。

總持寺においては、この未曾有の回禄〔火災〕の悲歎の中で、石川素童《いしかわそどう》監院《かんにん》指揮のもとに、宗務局および全国末派寺院に対して罹災状況を報告すると共に直末寺院会議を開き再建方針並びに方法等についてて協議が続けられた。そののち明治三十二年（一八九九）十一月五日、大本山總持寺諸堂再建の告諭および諸法規が宗務局より発せられ、「一宗協力、大工事」達成のための事務が開始されたのである。

ところが、明治三十三年（一九〇〇）五月、長野県北部の曹洞宗寺院住職及び檀徒等が、總持寺再建に当たり「本山を東京に移さん」ことを本山貫首に請願した。この時から本山移転の問題は再建事業と表裏して進展していった。しかしその後、高祖道元禅師の六百五十回大遠忌法要会が修せられ（明治三十五年）、ついで明治三十七年（一九〇四）二月、日露戦争が勃発して宗門も国家も多事多難をきわめたのでこの問題は一時停頓したのである。

だが明治三十八年（一九〇五）二月、西有穆山貫首の退隠後、五月六日、石川素童貫首が晋住入寺されると再建事務は活発となり、同時に本山移転の問題が俄かに台頭してきた。かくて日露戦争の終わった翌年明治三十九年（一九〇六）七月二十六日、東京芝青松寺において本山移転についての諮詢会が開かれ、両本山貫首、正副監院、宗会議員等が協議し、熟議の結果、本山移転の方向が定まったのである。しかしこれに対して地元では能登の穴水を中心に石川県の信徒たちが移転反対運動を起こし、内大臣・石川県知事に対して陳情をつづけた。だが結局、両者の歩み寄りがなり、地元の門前には大本山總持寺別院を置き、本山貫首退隠後の隠棲の地とし、これまでと同様、七堂伽藍を建立する等のことが容認されて、明治四十年（一九〇七）一月二十九日、本山移転の問題はめでたく解決したのである。本山の移転地については、早く栗山泰音《くりやまたいおん》師と鶴見の成願寺住職加藤海応《かとうかいおう》師との間に境内地

21 −大本山總持寺御移転記念写真

寄進の内諾がえられ、明治三十六年（一九〇三）六月十八日、栗山・石川両師の間で本山の鶴見移転はすでに決定をみていたのであった。かくて書類上の事務手続等がいっさい済み、明治四十年（一九〇七）三月九日、大本山總持寺の寺基《じき》〔寺院の礎石・基礎〕を当時の神奈川県橘樹《たちばな》郡生見尾《うみお》村字鶴見に移転することが石川県知事によって正式に許可されたのである。

　こうして明治四十四年（一九一一）十一月五日、竣工したばかりの放光堂において、道元・瑩山両祖の御真牌《ごしんぱい》を奉迎し、立錐の余地もない上山寺院の随喜のもとに、石川素童貫首が親修して移転遷祖式が挙行された。この日は天気晴朗、鶴見一帯は軒並に旗を揚げ、花火を打ちあげて祝意を表し、東京・横浜など近在の信者が何万となくつめかけて大へんなにぎわいとなった。

かくてここに能登時代の總持寺の歴史は発展的に終りをとげ、日本海側より太平洋側に寺基を移した鶴見の大本山總持寺の新時代が開幕されたのである。

2　大正・昭和時代の總持寺

さて總持寺の能登時代は明治とともに終わり、鶴見時代は大正とともに始まったと言ってよい。そして大正時代は独住四世石川素童貫首の新時代発展への基礎固めの時期であり、次の独住五世新井石禅貫首の時代は新時代に即応した曹洞禅発揚の時期であったといえよう。

まず石川素童貫首は、明治四十五年（一九一二）一月一日、曹洞宗管長に就任していらい大正九年（一九二〇）遷化までに、大正年間には宗制によって五回管長の重職に任ぜられたが、石川貫首がまず手懸けられたのは能登別院の梵鐘の鋳造と別院の建て前であった。ここに師の本山歴住の祖霊を尊び歴史と伝統を重んずる尊い道心と見識が偲ばれる。また師は大正二年（一九一三）三月八日、仏殿の起工地鎮式を実施、大正四年（一九一五）六月六日にはその落成をみたのである。さらにこの年には衆寮《しゅりょう》が名古屋市万松寺《ばんしょうじ》禅堂から移されて起工され、これは大正六年（一九一七）落成した。そのほか三松関《さんしょうかん》が大正九年（一九二〇）三月三十日に、勅使門《ちょくしもん》が下って同十四年（一九二五）三月十五日にそれぞれ竣工するにいたった。これよりさきに大正二年（一九一三）には本山の鐘楼堂《しょうろうどう》が起工され大梵鐘も鋳造されたのである。

以上のような堂宇伽藍の建立とあいまって石川貫首は、本山の本来的な宗教行持をも専一に厳修していった。すなわちその最たるものは、大正九年（一九二〇）四月一日から十五日間、二祖峨山韶碩禅師五百五十回大遠忌法要会を、大正三年の予修実施のあとを受けて親修したことである。またこれよりさき大正五年（一九一六）十一月一日には永平寺に上山して森田悟由・福山黙童《ふくやまもくどう》両永平寺前貫首の荼毘式《だびしき》を行ない、大正七年（一九一八）十二月二十二日には東京長谷寺において大内青巒居士の葬儀を秉炬《ひんこ》するなど席の暖まる暇とてなかった。

大正九年十一月十六日、石川貫首が遷化されその波乱多き生涯を閉じたあと大正十年（一九二一）一月十九日、新井石禅本山西堂《せいどう》が本山貫首に当選し独住五世となった。新井貫首は大正十年四月十七日石川前貫首の荼毘式を挙行したあとは、すでに述べたようにこの年の六月〜九月、ハワイおよびアメリカ本土に巡錫しアメリカ大統領ハーシングに会見するなど洞上の玄風の海外布教に畢生の努力を尽くしたのである。

また内にあって、大正十一年（一九二二）十月二十三日、普蔵院開基太源宗真和尚の五百五十回遠忌法要会を、さらに同十四年（一九二五）には四月一日から三週間にわたり、御開山太祖常済大師瑩山紹瑾禅師の六百回大遠忌法要会を厳修して祖道の宣揚に尽瘁した。つづいて鶴見女学校を創立して、さきに中根環堂《なかねかんどう》師が設立した光華《こうか》女学校に併置し、現在の総持学園・鶴見大学の基をきづいたのである。またこの年に明治天皇頌徳記念観世音銅像開眼供養並びに勅使門落慶式が挙行され、「常済」の勅額が下賜されたことも特筆すべき慶事であった。

大正十二年（一九二三）九月一日、日本全土をも震駭させた関東大震災が起こった。總持寺においては待鳳館《たいほうかん》が倒壊し、香積台《こうしゃくだい》が大破する等の被害を受けたが、この関東大震災を契機にして起こった日本国内の経済的不況と第一次世界大戦終了後の世界経済恐慌の余波は、その後の日本の進路を軍国主義の方向に変えてしまい、ついに満州事変・日華事変の勃発を経て有史いらい未曾有の太平洋戦争に突入し、国民はいわゆる十五年戦争の言語に絶する苦難の体験を味わったのである。

昭和前期の曹洞宗教団においては、まず昭和五年（一九三〇）五月、永平寺二祖孤雲懐弉禅師六百五十回大遠忌法要会が厳修され、總持寺よりは黒田鉄巌《くろだてつがん》師が専使として臨席した。このころから高祖道元禅師の思想的学術的研究が宗門の内外にさかんになり、昭和四年〜十一年（一九二九〜三六）『曹洞宗全書』二十冊の刊行、昭和十一年一月月刊雑誌『道元』の発行、衛藤即応《えとうそくおう》博士『宗祖としての道元禅師』（昭和十九年刊）など続々とその成果が発表されるに至った。

昭和十二年（一九三七）七月、日華事件が勃発すると仏教各宗教団は応召家族の慰問、従軍布教師の派遣などを通じて国策に協力し、同十五年（一九四〇）には「宗教団体法」の統制下にあって大政翼賛会の発足に応じ、神・仏・基を統合した大日本宗教報国会が組織され、昭和十六年（一九四一）六月、その第一回の大会が開催された。この年の十二月八日、太平洋戦争（大東亜戦争）が勃発すると、大東亜戦争完遂宗教翼賛大会、大詔奉戴宗教報国大会等があいついで開かれ、仏教々団は未曾有の国難打開の為に戦火の中に菩薩行《ぼさつぎょう》を実践する決意を固めたのである。

大本山永平寺においては、昭和十九年（一九四四）九月一日から七日間、宗務院主催で、高階・熊沢・渡辺・大森の四禅師をはじめ全国宗務所長・末派有志寺院等およそ二百人が参集し、全国末派寺院によって浄写された一千万巻の心経《しんぎょう》を昼夜不断に読誦《どくじゅう》するという宗門未曾有の戦勝祈願大法要会が修行されたのである。(補注7)

さて昭和前期のこうした内外の厳しい情勢を背景に大本山總持寺においては、昭和二年（一九二七）十二月七日、新井石禅貫首が遷化されたあと昭和二十年（一九四五）八月十五日、第二次世界大戦の終了までに、杉本道山《すぎもとどうざん》・秋野孝道《あきのこうどう》・栗山泰音《くりやまたいおん》・伊藤道海《いとうどうかい》・鈴木天山《すずきてんざん》・大森禅戒《おおもりぜんかい》・高階瓏仙《たかしなろうせん》・福山界珠《ふくやまかいじゅ》・久我篤立《くがとくりゅう》・佐川玄彝《さがわげんい》・熊沢泰禅《くまざわたいぜん》・渡辺玄宗《わたなべげんしゅう》各貫首の独住十二人が歴住している。この十二人の多きにおよぶ貫首の交替就位は、昭和十六年四月一日より施かれた昇住制によって、鈴木・大森・高階・佐川・熊沢の五貫首が永平寺に就位する直前に全ていったん当本山の住持職に就位した為である。しかしそれでもなお大正時代の二人に比べて七人の貫首が実質的に就位しているということは、總持寺本山にとってもこの時代が前代に比べていかに多難な時代であったかを物語っているといえよう。

さて總持寺においては、昭和五年十月僧堂上棟式を行ない、同八年（一九三三）十月十二日には開《かい》単式《たんしき》が挙行された。ここにおいて当本山は曹洞禅の修行道場としての形態が鶴見移転後はじめて備わったのである。続いて翌九年には管長告諭が発せられ、昭和十二年（一九三七）四月十日より後醍醐天皇六百回御聖忌法要会が修行され、同月十六日には後醍醐天皇御霊殿が竣工された。總持寺にとってこれらは、時代に即応した画期的な大行事であった。この間、昭和十年（一九三五）四月三十日、總持寺秘蔵の「開山常済大師の画像並に總持寺中興縁起一巻」が国宝に指定され、また同十二年（一九三七）三月、二祖峨山禅師が大現宗猷国師《だいげんしゅうゆうこくし》の諡号を賜わったことは、同九年（一九三四）孤峰智璨《こほうちさん》貫首が『冠註伝光録《かんちゅうでんこうろく》』を上梓したことと共に歴史的な文化的大慶事であったと言ってよい。

（補注7）先の大戦における植民地支配と侵略によって、多くの国々、とりわけアジア諸国の人々に対して多大な損害と苦痛を与えました。その時代、仏教各宗教団体は統制下におかれ、国策に協力し、曹洞宗も時代の波に翻弄されました。こうした歴史の事実を謙虚に受けとめ、反省の意を表明しております。

3　現代の曹洞宗教団と總持寺の現状

昭和二十年（一九四五）八月十五日「万世の為に太平を開かん」との聖断によってポツダム宣言を受諾し、平和国家建設の方向に転身した日本は、外国軍隊の占領下支配等幾多の苦難を体験した。だが、戦後三十余年の間に独立国家として国際社会に復帰し、昭和三十九年（一九六四）の第十八回オリンピック東京大会、四十五年（一九七〇）の日本万国博覧会の二つの国際的平和大会開催国になるなど驚異的な国力の充実ぶりを示した。

戦後の曹洞宗教団は昭和二十一年（一九四六）六月十五日、新宗憲が制定・実施され、「新日本建設と世界平和の顕現《けんげん》に貢献する」宗是《しゅうぜ》のもとに、農地改革の厳しい試練の中で新時代の教団再建に努力が続けられた。昭和二十七年（一九五二）四月、高祖道元禅師七百回大遠忌法要会の諸行持の円成を頂点として、高階瓏仙《たかしなろうせん》管長、保坂玉泉《ほさかぎょくせん》・山田霊林《やまだれいりん》両駒沢大学総長等を代表とする海外への巡錫・布教、平和運動等を併せて刮目《かつもく》すべき曹洞禅宣揚の成果をあげたのである。

さて大本山總持寺においては、昭和二十七年、渡辺玄宗《わたなべげんしゅう》貫首が大祖堂再建を発願してより同四十年（一九六五）三月、竣工落慶式が挙行され、その後、四月一日〜十八日、この大祖堂を中心に二祖大現宗猷国師峨山韶碩禅師六百回大遠忌法要会並びに諸行持が、渡辺貫首退董（昭和三十二年）後、總持寺貫首に就位した孤峰智璨《こほうちさん》禅師の親修で挙行された。これよりさき孤峰貫首は昭和三十五年（一九六〇）九月〜十二月、日米修好百年・ハワイ開教五十年記念に当たり欧米巡錫、アイゼンハワー大統領との会見など海外の布教伝道にも目覚しい活動をしたのである。また孤峰貫首は『禅宗史』をはじめ多くの著書を著わして宗門学界にも貢献した。

昭和四十二年（一九六七）十一月一日、孤峰貫首遷化のあと、翌四十三年四月十二日、正式に總持寺独住十九世の猊座《げいざ》に昇ったのが岩本勝俊《いわもとしょうしゅん》貫首である。

岩本貫首は、外においては、早く副貫首時代、昭和三十七年（一九六二）九月〜十月、仏教東漸七十年を記念して欧米を巡錫し、また昭和四十六年（一九七一）二月、インド仏蹟の巡拝をするなど布教伝道に大きな成果をあげた。また内においては、昭和四十四年（一九六九）四月、総持寺三門が竣工落慶し、さらに、昭和四十九年（一九七四）四月、太祖常済大師瑩山紹瑾禅師六百五十回大遠忌法要会並びに諸行持が師によって親修され、盛況のうちに円成したのである。その後も岩本貫首は、この年の十二月十三日、ベトナムのサイゴン郊外のブンタオ市にベトナム日本寺を開創するなど曹洞禅の発揚に縦横の活躍をしたのである。

しかしそののち師は健康を害し、昭和五十二年（一九七七）十月十五日、全山惜別のうちに本山を退董し東堂位《とうどうい》に退いた。

岩本貫首の退董後、大本山總持寺独住二十世の猊座に就いたのは、現在の乙川瑾映貫首である。乙川貫首はこの年の十月二十一日、大本山總持寺の入山式を執り行なって正式に晋住した。そして翌昭和五十三年（一九七八）四月十日、乙川貫首の祝国開堂の儀が盛大裡に挙行され無事円成したのである。

乙川貫首は現在、内においては『参同契』『宝鏡三昧』等の宗典を提唱して宗侶及び檀信徒に宗意安心の本源を垂示すると共に、外においては一般の僧侶をも含めた布教伝道の活動に尽瘁している。昭和五十五年（一九八〇）四月二十三日～五月十三日は、大本山永平寺二祖国師孤雲懐弉禅師七百回大遠忌の本法要会が厳修されたが、師はその前年には予修法要会の大導師として京都・広島・福岡等の西国を巡錫し、五十五年の正当大法要会には永平寺に拝登、献香し拈香法語を奉唱したのである。

またこの年の五月二十八日〜六月三日、中国浙江省人民政府より招請を受け、随行二二四名の団員をしたがえて渡航し、洞門の祖廟太白山天童禅寺《たいはくさんてんどうぜんじ》その他の名刹を参拝し、日中両国の仏教界の交流と友好に尽くした。

現在、大本山總持寺は鶴見ケ丘の広大な境内地に七堂伽藍の偉容が完備し、乙川瑾映禅師を中心に不断の坐禅修行と日常の諸行持が如法に行ぜられている。そして曹洞宗教団の大本山として檀信徒の宗教的安心の場であるばかりでなく、曹洞禅の世界的宣布の殿堂としてその豊かな国際性を誇っているのである。

これまで六百六十年におよぶ總持寺の歴史を日本歴史と曹洞宗教団の歴史との関連のもとに概説してきた。その目的は、祖師・先人の足跡を学びこれを取捨選択して今日および明日の私どもの日常生活に生かすことにある。今年は大本山總持寺が開創してより六百六十年であり、能登より鶴見に移転してより七十年である。この時に当たり總持寺の歴史をふりかえり、和衷協力し、高祖道元禅師・太祖瑩山禅師の開教の精神を体し、これを現在および将来に正しく生かすために不断の努力を誓い合うことは宗門人にとってまことに意義あることに思われる。

〔附記〕 本書の執筆に当たって拙著『曹洞宗教団史』（教育新潮社）を基にして、より平明な叙述を企図したことを附言させていただきたい。

〈追補〉 その後の總持寺

尾崎正善

昭和五十七年（一九八四）以降、さらに總持寺の発展、地域との交流、世界へむけての禅文化の発信が積極的に図られた。以下、それぞれの活動について追補する。

伽藍・境内整備

昭和五十七年十月十六日に乙川瑾映貫首が退董し、翌年四月九日に梅田信隆《うめだしんりゅう》副貫首が晋山式を行い、正式に独住二十一世となった。そして梅田貫首は、御移転八十周年記念に向けて伽藍の整備を進められたのである。まず、昭和五十九年（一九八四）四月八日、大僧堂裏の東司《とうす》（トイレ）と洗面所の落慶という修行道場の整備、そして檀信徒研修道場「三松閣《さんしょうかく》」の建立を発願された。多くの検討と事業計画の吟味を経て、同六十二年五月に起工式を行い、平成二年（一九九〇）三月二十八日、三年を掛けて漸く落慶法要が営まれた。この三松閣建立により、檀信徒の宿泊、ならびに学生・企業の研修会の便が著しく向上することとなった。そして、同年の十月八日から十日に掛けて、御移東八十年記念法要が盛大に営まれた。同六年春には、貫首の住まいである新跳龍室《しんちょうりゅうしつ》が落慶した。このように伽藍の整備が順次行われた。

平成八年四月十六日、梅田信隆貫首は退董し、成田芳髄《なりたほうずい》貫首が入山し、十月十一日に晋山式を行い独住二十二世となった。同十年一月二十二日、成田芳髄貫首が亡くなられると、二月十九日に板橋興宗《いたばしこうしゅう》副貫首が入山し、四月九日に晋山式を行い独住二十三世となった。翌年の二月八日には、板橋貫首の発意による「千年の森一株運動」が始まった。これは總持寺境内の貴重な緑の整備を目的とするもので、地域の方々に憩いの場を提供することも意図した。この後、同年九月十三日に第二回、平成十三年（二〇〇一）六月に第三回・千年の森植樹祭と継続的な植樹を横浜国立大学名誉教授・宮脇昭先生指導の下に行った。板橋貫首は、平成十四年十月十五日に退董し、十月十七日に大道晃仙《おおみちこうせん》副貫首が独住二十四世として晋山式を挙行された。

平成七年一月十七日未明に起こった阪神淡路大震災では、被災されたかたがたへのお見舞いと支援につとめながら、震災の教訓から改めて伽藍の耐震性が問題となった。こうした課題を踏まえて、伽藍の点検が行われ対策が検討された。その具体策として同十二年に香積台（総受付・控え室）を半解体修理して、耐震補強工事が行われた。続いて、同十五年四月には、修行僧の居住棟である、伝光閣《でんこうかく》看読寮《かんどくりょう》の改修工事が完了した。しかし、この改修工事では不充分な点もあり、同二十二年七月一日に解体工事が始まり、翌年の十月九日、伝光閣は新たな姿となり落慶法要が営まれた。同十七年六月一日には、御移転百周年記念事業の一環として、耐震性に問題があった東部役寮棟・白字館《はくじかん》・出版部の各建物が解体され、新たに慈峰閣《じほうかく》・監院寮《かんにんりょう》の建設が始まった。慈峰閣ならびに監院寮は、翌十八年十一月五日、御移転九十五周年を記念して竣工諷経が執り行われた。同二十一年七月には、三門の改修落慶法要、翌年三月二十九日には、大祖堂地下の瑞応殿の改修工事が終わり、伽藍整備の整った中で、同二十三年十一月一日から、御移転百周年報恩法会本法要が厳修された。また、平成二十七年の峨山禅師六百五十回大遠忌に向け、同二十三年三月十一日の東日本大震災を受け、天真閣《てんしんかく》が三階建てから二階建てへの減層工事、大祖堂・仏殿と放光堂を結ぶ地上回廊整備、大駐車場の新設休憩所「逢人亭《ほうじんてい》」の落慶、大祖堂の改修工事などが行われている。

こうした伽藍整備と共に御移転から百年を経たことにより、当初の伽藍が伝統的な建築物として、国及び県・市の文化財の登録指定を受け後世に伝えられるようになった。大正三年（一九一四）鋳造の大梵鐘は平成七年に、昭和十年建立の倚松庵《いしょうあん》は平成八年に、それぞれ、横浜市指定文化財登録された。さらに倚松庵は、同十六年に修復工事が行われた。翌年三月十八日に、「仏殿・香積台・待鳳館《たいほうかん》・紫雲台《しうんたい》・御霊殿・虎嘯窟《こしょうくつ》・放光堂・大僧堂」など、御移転当初の伽藍を含め十六件が国登録文化財に登録された。

平成二十三年四月十六日に大道晃仙貫首が退董され、翌十七日、江川辰三《えがわしんざん》新貫首が晋山され、独住二十五世となった。この晋山式に合わせ、東日本大震災被災者物故者追悼諷経も謹修された。同二十年六月十八日、仏殿脇に西村公朝製作の大聖観音菩薩像が建立され、開眼法要を厳修された。この観音像は、同二十五年一月に三宝殿近くの高台に移設され、三月九日の開眼法要を経て、「平成救世観音」として東日本大震災の被災地にその眼差しを向けている。この日には東日本大震災復興支援「祈りの夕べ」も開催され、以後毎年の行事として勤修されている。

22 －平成救世観音

開かれた禅苑

總持寺は、「開かれた禅苑」としての歩みも強くしている。布教活動としては、昭和五十九年（一九八四）五月から、總持寺三松テレホン法話会がはじまり、平成十四年（二〇〇二）四月には、国際部による英語参禅会、同二十六年十一月二十二日には、この参禅会にリトアニア国駐日大使とそのご家族が参加されるなど、国際布教への活動も積極的に行っている。また、同十四年九月より、「写経の会」「精進料理教室」を開始し、同年十二月からは、ホームページを開設し積極的な情報発信に努めている。

地元、鶴見区民を始め地域の人々と共に歩む行事としては、昭和六十年十月に總持寺菊花会・花いっぱい会・白字会共催による菊花展を開催した。また、平成十六年大祖堂において鶴見区文化協会主催により人間国宝茂山千作により狂言「椎茸典座」が上演された。さらに、各種茶会が毎年開催されるなど、地域の茶道文化の興隆に大きく寄与している。同二十年八月、鶴見区社会福祉協議会主催「つるみサマーフレンド２００８」が、同二十二年（二〇一〇）十月十日、世界各国の伝統芸能を披露する「鶴見ゆめひろば～世界の人と手をつなごう～」開催された。この「ゆめひろば」は、現在御移転記念行事として十一月三日に毎年行われている。また、總持寺御移転百年記念時には、傳光花展が開催され、同二十五年二月には、横浜市鶴見区社会福祉協議会主催の「總持寺 de 掃除！」が行われるなど、初詣・豆撒き・盆踊りなどと共に地域の方々に愛される諸行事・イベントが数多く行われている。

社会福祉事業と鶴見大学

社会事業の一環として、昭和六十二（一九八七）五月、東京都町田市の「精舎児童学園」の新園舎竣工、平成十九年（二〇〇七）一月、總持寺保育園「アーサマ總持寺」の新施設完成、同二十四年四月一日、諸岳会の「總持寺本町通子ども園」落慶など、施設の充実が図られた。さらに、同十二年十月には、諸岳会・精舎児童学園創立五十周年記念式典が行われ、その継続的な活動も特筆される。

また総持学園は、同二十年、新中学一年生、新高校一年生より男女共学になり、校名も鶴見大学付属女子中学校・高等学校から鶴見大学付属中学校・高等学校に変更され、同二十四年には、創立九十周年を迎え更なる教育の充実が図られた。鶴見大学は、同十年、同短期大学部は翌十一年にそれぞれ男女共学となった。そして同二十五年、鶴見大学は創立五十周年、同短期大学部は創立六十周年を迎えている。

震災・災害復旧と御供養

總持寺においては、瑩山禅師の衆生済度・衆生救済の誓願を受け継ぎ、広く災害物故者諸精霊への追悼法要、被災地での救援支援活動、そして救援募金活動等を積極的に行い、人々の苦しみを和らげ、心の支えとなるよう行動している。それは遠く大正十二年（一九二三）の関東大震災の際にもおこなわれていた。

近年では、阪神淡路大震災、新潟県中越地震、能登半島地震、東日本大震災、さらに各地の風水害などにおいて様々な活動をおこなった。平成七年（一九九五）一月十七日の阪神淡路大震災発生に伴い、恒例の寒行托鉢を「阪神大震災救済募金托鉢」に変更し、同月二十九日より、被災地のボランティア活動のため修行僧を派遣した。こうした派遣活動は、同十六年十一月の新潟県中越地震復興作業支援、同十九年三月の能登半島地震などでも行われた。

さらに、開かれた禅林の下、国際社会への貢献と世界の恒久平和を願い、諸外国における紛争・テロ、さらに自然災害における犠牲者の追悼、早期復興を強く祈念する法要が営まれている。同十三年の米国同時多発テロ事件では、九月二十三日に犠牲者追悼法要が、同十五年四月八日、曹洞宗主催「世界平和を求める曹洞宗の祈り」平和祈願法要が営まれている。同十七年三月のスマトラ島沖地震発生では、スマトラ沖地震インド洋大津波国内自然災害犠牲者慰霊・復興祈願法要が厳修された。

同二十三年の東日本大震災に際しては、三月十五日より鶴見駅前にて東日本大震災義援金勧募托鉢、四月十一日に東日本大震災被災者物故者追悼諷経を厳修した。さらに、五月十四日に、鶴見大学記念館記念ホールで大本山總持寺御移転百年記念・東日本大震災復興支援チャリティ公演・横浜夢座五大路子主演「ジャンジャン花月園」を上演、九月十日には、東日本大震災物故者追善法要・復興祈願法要が営修された。翌年の三月三日、福島県立安積黎明高等学校合唱部による震災復興祈念演奏会、三月十一日、東日本大震災被災物故者一周忌追善法要が営まれた。こうした取り組みの背景には、曹洞宗教団が社会救済活動に積極的であるとともに、東北地域に教団寺院が多数存在するという点も上げられる。すでに述べられているように、峨山禅師下の弟子・孫弟子にあたる禅者が、これらの地域で積極的な布教活動をおこない、檀信徒を接化していたのである。

同年には両大本山共同復興祈願桜プロジェクトが設立され、四月二十六日に日本さくらの会と山形県曹洞宗寺院有志の「チームおきたま」による苗木移植作業が行われた。七月七日に両大本山共同復興祈願桜プロジェクト苗木入床諷経と物故者慰霊法要が勤修され、十一月二十日には両大本山共同桜プロジェクト第二回受け入れ分の苗木植込みが行われた。そして、翌二十四年十二月中旬には、桜プロジェクトで被災した三県の寺院に苗木の発送始まり、現在も継続発展した活動が行われている。

防災問題に関しては、同二十四年八月二四日、鶴見警察署と災害時の機能移転の協定を締結し、これを受けて翌年の三月一日、災害時の三松閣警察機能移転業務の訓練が実施された。また同二十六年十月二十三日、總持寺と総持学園が横浜市との間に「災害時における施設等の提供協力に関する協定」を締結し、地域における防災拠点としての役割も担うこととなった。

總持寺と人権問題

昭和五十四年（一九七九）、「第3回世界宗教者平和会議」において当時の全日本仏教会理事長が、「日本には部落差別はない」と発言し、大きな問題となった。これがきっかけとなり「同和問題にとりくむ宗教教団連帯会議」が結成され、曹洞宗もこの問題に積極的に取り組むこととなった。そうした中、長年にわたり被差別部落の方々に「差別戒名」を付与してきたことが新たに判明すると共に曹洞宗全体の人権意識の向上に努めなければならないことが課題となった。こうして、部落差別の解消へ向けた取り組み、さらにハンセン病およびハンセン病回復者差別問題などに対して、差別撤廃・人権確立の取り組みを積極的におこなっている。

こうした宗内の人権問題に対する取り組みの高まりと共に總持寺においても、学習・法要が勤修されている。まず、昭和五十九年（一九八四）七月一日に、曹洞宗被差別戒名慰霊法要が営修された。そして平成元年（一九八九）八月に、反差別国際運動（ＩＭＡＤＲ）訪欧視察団に、人権擁護推進室室長を含む三名が参加し研鑽を積んだ。それを受けて同年十一月に總持寺人権問題専門委員会が初開催され、これより毎年、被差別戒名慰霊法要・差別戒名の墓参、国立療養所多磨全生園の訪問など、人権学習に対して力を注いでいる。

文化事業と国際交流

伽藍の文化財登録と合わせ、宝物の修理及び展示会などを通して禅文化の発信継承にも務めている。平成十四年（二〇〇二）三月より、宝物殿にて「總持寺と利家・まつ」展が開催された。また同年七月、重要文化財「刺繡獅子吼文大法被」が京都に移送され、同十八年二月まで、四年の歳月を掛けて修復が行われた。

同年十一月には、横浜市指定文化財、茶室「倚松庵」特別公開事業が行われ、倚松庵・紫雲台で鶴見区民文化祭總持寺茶会と華道展が開催された。また、同十六年には、鶴見大学仏教文化研究所主催「瑩山禅師と曹洞宗史~新たなアプローチを目指して~」、同二十六年には、峨山禅師六百五十回大遠忌を記念して、曹洞宗総合研究センター学術大会においてシンポジウム「峨山禅師の禅風とその相承―人材育成の先達に寄せて―」が行われなど、学術的興隆も積極的に行われている。また、御移転百周年記念として、同二十三年四月十六日から、神奈川県立歴史博物館において、『總持寺名宝一〇〇選』特別展が開催された。また、同年十一月十四日、与謝野晶子歌碑が中雀門前に建立され、さらに『住山記』(總持禅寺開山以来住持之次第)、『五院ものがたり』、『鶴見總持寺物語』等が記念出版された。

この他、禅を基調としたカウンセリングを目指し、同十四年十二月、ZENカウンセラー養成講座が開催され、同十七年六月三十日、第一回大本山總持寺禅カウンセリング研究会会議が開かれた。さらに同二十六年四月からは、鶴見大学先制医療研究センターと連携し、修行僧の中から終末期医療を支援し、相談者に寄り添い悩みを傾聴するため医療者と一体となって活動する、臨床宗教師を育成するための事業を立ち上げた。

また同十七年七月、曹洞禅の国際布教の一環として、總持寺の修行僧二人がアメリカとヨーロッパに派遣された。さらに諸外国よりの上山者を受け入れ、国際的な交流にも務めている。例えば、昭和五八年(一九八三)六月、チベット密教ニンマ派の僧、タルタン・トゥルク・リンポチェ師、平成二年四月、ミャンマー連邦共和国仏教親善使節団、同十四年九月五日、ミャンマーのナインス・マイル・マハーメディテーションセンター代表カウィダザ老師、同十七年十一月、ＪＩＣＡ国別研修・就学前教育研修受講中のシリア・アラブ共和国婦人連盟・保育部長のハルビエ氏、同十九年三月、モンゴルのエンフバヤル大統領夫妻、同二十四年六月、スリランカの国交樹立六十周年を記念してスリランカ国キャンディ仏歯寺の管長ウドガマ・ブッダラッキタ大僧正猊下など多くの方々が總持寺を訪れている。

また平成二十一年九月二十四日　中央イタリア神学大学（伊・フィレンツェ）交流のため、翌年九月、ローマカトリックのイエズス会神父ロベルト・バロス・ディアス氏が禅体験で上山するなど禅文化との交流が盛んに行われている。また、二十四年四月二十九日には、アメリカ・ロサンゼルスの總持寺御直末曹禅寺開創四十周年記念法会厳修されるなど、海外における布教にも熱心である。

以上のように、總持寺は新たな時代を見据え、更なる発展、開かれた禅苑を目指し日々歩を進めている。

和　暦	西暦	事　　　　　項
25	2013	1.19　参道・台座などの化粧工事のため，仏殿横の観音像を三宝殿近くの台座に移設．3 月の開眼法要後，「平成救世観音」として東日本大震災の被災地にその眼差しを向ける．2.16　横浜市鶴見区社会福祉協議会主催「總持寺 de 掃除！」開催．2.28　横浜市鶴見区と石川県輪島市の友好交流協定調印式．3.1　災害時の三松閣警察機能移転業務訓練実施．3.9「平成救世観音」開眼法要．東日本大震災復興支援「祈りの夕べ」開催．7.　伽藍の耐震工事について伽藍審議委員会開催．9.15　鶴見区茶華道協会創立 50 周年記念式典．9.25　部落解放同盟横浜市協議会，来山．10.1　大遠忌特別ウェブサイト公開，「大遠忌だより」第 1 号発行．11.16　鶴見大学創立 50 周年，同大学短期大学部創立 60 周年記念式典．12.　東日本大震災復興支援の両大本山共同復興祈願桜プロジェクト，被災三県の寺院に苗木発送始まる．＊特定秘密保護法公布．
26	2014	2.22　鶴見あいねっと推進フォーラム，鶴見区の社会福祉に貢献した団体として，總持寺三松会が表彰される．2.『峨山禅師 650 回大遠忌記念 DVD』完成．4.14　大遠忌記念事業の地上回廊新設工事地鎮式．4.　平成 19 年の能登半島地震で被害を受けた總持寺祖院大祖堂，修復完了．4.　鶴見大学先制医療研究センターと總持寺，修行僧の中から臨床宗教師を育成するための事業立ち上げ．5.15-16　永光寺と總持寺祖院の間を歩く「峨山道ウォークツアー」が行われる．5.24　祥雲閣耐震工事の安全祈願法要挙行．7.21　天真閣耐震工事の安全祈願法要挙行．9.1　峨山禅師大遠忌記念参拝が始まる．10.21　仏殿の天童如浄禅師像修復のため搬出．10.22-23　曹洞宗総合研究センター第 16 回学術大会・峨山禅師 650 回大遠忌記念シンポジウム「峨山禅師の禅風とその相承―人材育成の先達に寄せて―」開催．10.23　總持寺と総持学園，横浜市と「災害時における施設等の提供協力に関する協定」締結．10.24-25　スマートイルミネーション鶴見開催．11.22　英語参禅会にリトアニア国駐日大使ご一家参加．11.25　大駐車場の新設休憩所「逢人亭」落慶法要．12.　大遠忌に向け，大祖堂改修工事開始．＊消費税率８％に改定．集団的自衛権，閣議決定．

和　暦	西暦	事　　　　　項
		山，独住25世となる．5.14 鶴見大学記念館記念ホールにて，大本山總持寺御移転100年記念・東日本大震災復興支援チャリティ公演・横浜夢座，五大路子主演「ジャンジャン花月園」上演．3.15　伝光閣上棟式．3.15-17　鶴見駅前にて東日本大震災義援金勧慕托鉢．4.1「御移転100年報恩法会」修行にあたり啓建諷経営修．4.11　東日本大震災被災者物故者追悼諷経厳修．4.16-5.22　神奈川県立歴史博物館にて，御移転100年記念『總持寺名宝100選』特別展開催．4.17　江川辰三貫首，晋山式挙行．同日　東日本大震災被災者物故者追悼諷経謹修．6.11　總持寺御移転百年記念，傳光花展開催．6.25　大鼎（大道）晃仙示寂95．7.7　韓国曹溪宗一行，上山．8.2　放光堂補修工事終了，本尊還座式．9.10　東日本大震災物故者追善法要・復興祈願法要営修．9.17　御移転100年記念，第20回松榮堂「お香とお茶の会」開催．10.9　伝光閣落慶法要．11.1-5　御移転100年報恩法会本法要厳修．11.14　御移転100年記念，与謝野晶子歌碑，中雀門前に建立．＊東日本大震災．長野県北部地震．福島第一原発事故．
24	2012	2.9　両大本山共同復興祈願桜プロジェクト設立．3.3　福島県立安積黎明高等学校合唱部による震災復興祈念演奏会．3.11 東日本大震災被災物故者一周忌追善法要．4.1　社会福祉法人諸岳会總持寺本町通子ども園落慶．4.26　日本さくらの会・山形県曹洞宗寺院有志「チームおきたま」苗木移植作業．4.29　アメリカ・ロサンゼルスの總持寺御直末曹禅寺開創40周年記念法会厳修．6.26　スリランカの国交樹立60周年記念，スリランカ国キャンディ仏歯寺管長ウドガマ・ブッダラッキタ大僧正猊下，来山．7.7　両大本山共同復興祈願桜プロジェクト，苗木入床諷経と物故者慰霊法要勤修．7.24 大本山總持寺，平成27年の大本山總持寺二祖峨山韶碩禅師650回大遠忌，及び平成36年の大本山總持寺開山，太祖瑩山禅師700回大遠忌に関する告諭を発す．8.24　鶴見警察署と災害時の機能移転協定締結．11.20　両大本山共同桜プロジェクト，第2回受け入れ分の苗木植込み．＊東京スカイツリー竣工．衆議院選挙で自民党大勝，公明党と連立し，第二次安倍内閣成立．

和　暦	西暦	事　　　項
20	2008	2.26　總持寺祖院僧堂地鎮祭挙行（總持寺祖院復興の初事業）．3.13　インド・サールナート法輪精舎住職後藤恵照老師，上山．3.14　台湾・淨耀法師，本山拝登．3.30　中国浙江省天童寺住職ほか一行，上山．5.3　東京国立劇場（小劇場）にて，「禅の声明」公演．6.18　仏殿脇に大聖観音菩薩像建立，開眼法要．8.5　鶴見区社会福祉協議会主催「つるみサマーフレンド2008」開催．10.5　紫雲台・待鳳館にて，茶道裏千家淡交会・横浜支部洒凡青年部主催の秋季茶会開催．11.27　NHK大阪ホールにて，国際永久平和祈念祭典（主催・国際永久平和祈念祭典協議会）開催，第2部で本山役寮・修行僧が曹洞宗の声明披露．12.1　大韓仏教曹溪宗設立の中央僧伽大学付設機関保育教師教育院一行，上山．12.24　総持学園・鶴見大学附属高等学校仏教専修科鶴翔寮，落慶法要．＊四川大地震．北海道洞爺湖サミット．8月末豪雨で各地に被害．
21	2009	1.15　三門修理開始（再塗装・扉修理）．3.14　藤田国際部講師の指導による英語参禅会．3.25　鶴見大学附属中学校・高等学校，新校舎竣工式．3.27　日蘭協会の女性部デ・リーフデ会，本山拝登し衆寮での坐禅体験．3.30　御移転100年慶讃報恩法会実行委員会発足．5.13　ゆめ観音実行委員会が正力松太郎賞を受賞．5.20　御移転100年慶讃報恩法会実行委員会，全体会議．6.13　鶴見大学記念会館にて，『總持寺住山記』公開シンポジウム．7.3　三門改修落慶法要挙行．9.24　中央イタリア神学大学，交流のため上山．10.20　鶴見大学附属中学校・高等学校，新校舎落成式．11月末　瑞応殿改修工事開始．＊脳死を人の死とする改正臓器移植法成立．衆議院議員選挙，民主党第一党．
22	2010	3.29　瑞応殿落慶式．6.27　大祖堂にて，「平和と宗教」と題し，ダライ・ラマ14世，講演会開催．7.1　伝光閣の解体工事開始．9.27　ローマカトリックのイエズス会神父ロベルト・バロス・ディアス氏，禅体験で上山．10.10　總持寺参道にて，世界各国の伝統芸能を披露する「鶴見ゆめひろば～世界の人と手をつなごう～」開催．＊小惑星探査機「はやぶさ」地球に帰還．
23	2011	1.　總持寺の木像「日本一の大黒天」を中心に鶴見七福神誕生．4.16　大道晃仙貫首退董式．4.17　江川辰三新貫首入

和　暦	西暦	事　　　　　　項
		化教室主催「お香とお茶の会」. 7.8　韓国曹溪宗設立の中央僧伽大学仏教学科・訳経学科関係者，本山拝観. 8.2　永代供養塔「慈照塔」開眼供養. 9.1　鶴見大学記念館落慶法要及び竣工式. 10.8　鶴見大学記念館にて，総持学園80周年記念式典開催. 11.6　鶴見大学仏教文化研究所主催シンポジウム「瑩山禅師と曹洞宗史～新たなアプローチを目指して～」開催. 11.7-19　新潟県中越地震復興作業支援のため，總持寺より19名派遣. 11.13　スリランカ高僧団，本山参拝. ＊台風21号上陸，各地に甚大な被害を与える. 新潟県中越地震.
17	2005	3.18 「仏殿」はじめ16件が国登録文化財に登録. 4.8　大祖堂にて，スマトラ沖地震，インド洋大津波，国内自然災害犠牲者慰霊・復興祈願法要厳修. 5.10　梅樹庵焼失. 6.1　御移転100年記念事業である慈峰閣建設のため，東部役寮棟・白字館・出版部の建物の解体工事開始. 6.30　第1回大本山總持寺禅カウンセリング研究会会議. 7.25 曹洞禅の国際布教の一環として，總持寺の修行僧2人，アメリカ・ヨーロッパ派遣. 9.29　オランダの宗門寺院・ゼンリバーテンプル一行，上山. 10.20　米国カリフォルニア州サンフランシスコ桑港寺参拝団，上山. 11.18　JICA国別研修・就学前教育研修受講中のシリア・アラブ共和国婦人連盟・保育部長ハルビエ氏，上山. ＊愛知万博. スマトラ島沖地震. JR西日本福知山線脱線事故.
18	2006	2.21　重要文化財「刺繡獅子吼文大法被」修復作業完了. 3.10　北京大学歴史学部長牛大勇教授他5人，表敬訪問. 3.15　梅寿庵落慶式. 6.1　第9回SIDS国際会議参加者，本山参拝. 10.22　版画家の君島龍輝氏，工芸絵画満月見聞録「永劫の四季」四部作，裏手彩色木版画「永劫の四季」四部作献納. ＊台風13号，長崎上陸，各地に甚大な被害を与える.
19	2007	慈峰閣落慶. 1.20　總持寺保育園，アーサマ總持寺新施設完成祝賀落慶法要. 3.1　モンゴル・エンフバヤル大統領夫妻，来山. 3.25　能登半島地震発生，總持寺祖院大被害. 9.29　紫雲台にて煎茶道東阿部流主催の松映茶会. 11.20　パシフィコ横浜にて第40回全日本仏教徒会議神奈川大会，ダライ・ラマ14世法王猊下と全日本仏教会会長の大道禅師会見.

和　暦	西暦	事　　　項
		に訪問. 9.7 長野県丸子町差別戒名墓石参拝. 9.11 快光（梅田）信隆示寂95. 10.21-22 總持寺社会福祉法人諸岳会精舎児童学園創立50周年記念式典. 11.25 大船観音寺にて, SOTO禅インターナショナル・大船観音寺主催「ゆめ観音in大船～つながる　ひろがるアジアのねがい～」挙行. ＊三宅島雄山噴火, 全島避難.
13	2001	2.12 森喜朗内閣総理大臣, 来山. 4.24 重要文化財「刺繡獅子吼文大法被」大修理始まる. 宝物殿にて第1回修理打合せ会議と調査. 6.26 第3回・千年の森植樹祭. 9.23 米国同時多発テロ事件犠牲者追悼法要. ＊米国同時多発テロ.
14	2002	2.16「僧堂カウンセリング室」新設決定. 3.15-5.12 宝物殿にて,「總持寺と利家・まつ」展開催. 4.6 国際部による英語参禅会始まる. 4.8 総受付, 三松閣から香積台に移転. 4.　向唐門, 常時「開門」となる. 7.1「刺繡獅子吼文大法被」, 修復のため京都に移送. 9.5 ミャンマー・ナインス・マイル・マハーメディテーションセンター代表カウィダザ老師, 板橋貫首を表敬訪問. 9.　「写経の会」「精進料理教室」開始（毎月開催）. 10.15 板橋貫首退董式. 10.17 大道晃仙副貫首, 独住24世晋山式挙行. 11.9-10 横浜市指定文化財, 茶室「倚松庵」特別公開事業, 倚松庵・紫雲台にて, 鶴見区民文化祭總持寺茶会と華道展開催. 11.26 イタリア人女性伝道師フラック和幸師, 本山拝登. 12.16-18 三松閣にて, ZENカウンセラー養成講座開催. 12.28 總持寺ホームページ開設. ＊完全学校週五日制のゆとり教育開始. FIFAワールドカップ日韓大会開幕. 小泉首相, 日本の首相として初めて朝鮮民主主義人民共和国訪問
15	2003	4.8 仏殿にて, 曹洞宗主催「世界平和を求める曹洞宗の祈り」平和祈願法要. 4. 伝光閣看読寮, 改修工事完了. 5.25 タイ仏教学者バンジョブ・バンナルージ氏, 上山拝宿. ＊個人情報保護法成立.
16	2004	總持寺大祖堂にて人間国宝茂山千作狂言「椎茸典座」上演（鶴見区文化協会主催）. 3.20 横浜市指定重要文化財・倚松庵の修復工事. 4.21 ロサンゼルス禅センター・仏真寺拝登. 4.25 倚松庵・紫雲台にて, 煎茶道「三彩流」東京支部創立20年記念茶会. 5.22 待鳳館・紫雲台にて, 松栄堂文

和　暦	西暦	事　　　　　項
5	1993	5.29　能登祖院大祖堂屋根改修工事落慶式．8.31　新跳龍室上棟式営修．＊能登半島沖地震．Jリーグ開幕．
6	1994	侍局跳龍室落慶．10.7　総持学園創立70周年記念式典開催．＊ネルソン・マンデラ，南アフリカ共和国初の黒人大統領．
7	1995	大梵鐘，横浜市指定文化財登録．1.18　前日未明に発生した阪神大震災の救援活動として，恒例の寒行托鉢を「阪神大震災救済募金托鉢」に変更．1.29-2.18　被災地のボランティア活動のため，總持寺より13名派遣．9.16　總持寺貫首梅田信隆貫首，長野県にて「差別戒名」墓参．11.9　本山にて，曹洞宗婦人会創立20周年記念大会開催．11.22　沖縄県糸満市の平和祈念堂にて，梅田貫首御導師，沖縄終戦50周年平和祈念慰霊法要挙行．＊阪神淡路大震災．オウム真理教による地下鉄サリン事件．
8	1996	4.16　梅田信隆貫首退董．成田芳髄貫首入山，本山独住22世となり，10.11　晋山式を挙行．11.15　倚松庵が横浜市指定文化財登録．＊「らい予防法の廃止に関する法律」施行．
9	1997	8.20　成田貫首，本山役寮・雲衲，本山白字会・婦人会，長野県にて差別戒名墓石を参拝．10.21　江川監院御導師にて徳島県城満寺で本堂落慶法要．＊消費税率5％に改定．長野新幹線開通．臓器移植法施行．東京湾アクアライン開通．
10	1998	1.22　得道（成田）芳髄示寂92．1.23　板橋禅師「千年の森」提唱・境内植樹．2.19　板橋興宗副貫首，独住23世として入山，4.9　晋山式挙行．7.3　板橋貫首，長野県にて差別戒名墓石参拝．8.18　横浜国立大学名誉教授・宮脇昭先生を招き，本山の植樹についての研修会．12.14-17　第1回中国祖蹟巡拝研修，上海・杭州歴訪．＊長野オリンピック大会．本州四国連絡橋・明石海峡大橋開通．
11	1999	2.8　千年の森一株運動開始．（第2回9.13）9.17　長野県丸子町差別戒名墓石参拝．10.23-24　カリフォルニア州・スタンフォード大学にて，曹洞宗宗務庁・両大本山主催による道元禅師御生誕800年慶讃シンポジウム，總持寺役寮が参加．11.5　茶室・倚松庵の席開き．
12	2000	4.『十種勅問』写本発見．6.5　全国嶽山会により大祖堂内，約900畳の表替え完了．9.4　板橋貫首はじめ，本山役寮，大衆，職員等，国立療養所多磨全生園を人権学習のため

和　暦	西暦	事　　　　　　　　項
60	1985	2．鳥海山名石燈籠寄進建立．4.8　大僧堂裏東司・洗面所落慶式．5.24　總持寺三松テレホン法話会，発会式．6.28-29　曹洞宗婦人会創立十周年記念大会．7.1「曹洞宗被差別戒名物故者追善法要」営修．10.20-11.17　總持寺菊花会・花いっぱい会・白字会共催による菊花展開催．＊国際科学技術博覧会（つくば博）．本州四国連絡橋．大鳴門橋開通．日航機墜落事故．
61	1986	7.20　広東省開元寺住職慧原師ほか６名の中国仏教協会永平寺訪問友好代表団，本山拝登．＊男女雇用機会均等法施行．英皇太子夫妻来日．
62	1987	5.12　三松閣起工式．8.21　21日間の日程で，カトリック諸宗派と禅三宗，第３回東西霊性交流，28名の禅僧がヨーロッパ各地修道院に赴く．10.21　徳島・城満寺に本尊釈迦牟尼仏，脇侍迦葉・阿難尊者が新添奉迎，開眼法要営修．＊比叡山で世界宗教サミット開催．国鉄，分割民営化．
63	1988	3.28　世田谷学園中学校，姉妹校であるカナダのグレンライオン・ノーフォーク・スクールの生徒一行23名と本山訪問．5.2　總持寺社会福祉事業の一つ，町田市東京精舎児童学園の新園舎竣工．6．山形県延命寺より『伝光録』写本寄贈，宝物殿に収める．12.15　三松閣上棟式挙行．＊青函トンネル開通．本州四国連絡橋・瀬戸大橋開通．
平成元	1989	8.18-9.2　反差別国際運動（IMADR）訪欧視察団に，人権擁護推進室室長を含む３名が参加．11.29　總持寺人権問題専門委員会初開催．＊消費税法施行，税率３％．北京，天安門事件．ルーマニア，チャウシェスク政権崩壊．
2	1990	3.28-30　三松閣落慶法要．4.17 ミャンマー連邦共和国仏教親善使節団，本山拝登．10.8-10　大本山總持寺御移東80年記念法要．＊ゴルバチョフ，ソ連初代大統領就任．西東ドイツ再統一．
3	1991	7.3　長崎・雲仙普賢岳噴火，被災した島原地区をお見舞い．11.17　クシナガラ涅槃苑報恩五輪塔，除幕開眼法要参列．＊雲仙普賢岳，火砕流発生．ワルシャワ条約機構解体．
4	1992	4.8　汲古室（仮侍局）竣工式．5.25　中国天童寺住職明暘禅師，本山拝登．5．永光寺復興勧募趣意書を発す．7.7　新跳龍室（侍局）起工式．10．『伝光録』文献検索システム，運用開始．＊国家公務員の週休２日開始．山形新幹線開業．

和　暦	西暦	事　　　　項
		天童寺へ本山より特使派遣. 3.17　朝日カルチャーセンター横浜写経教室の写経『法華経』納経. 5.28-6.3　乙川貫首以下 134 人中国天童寺等拝登, 巡錫. 12.7　乙川貫首『禅心』発行. 永平寺二祖孤雲懐弉禅師 700 回大遠忌法要会修行. 永平寺秦慧玉貫首ら中国天童山拝登「道元禅師得法霊蹟碑」建立. 除幕式を挙行. ＊大平首相急死, 衆参同日選挙で自民党圧勝. モスクワオリンピック大会（日本不参加）.
56	1981	3.12　本山移転 70 年記念植樹式挙行. 3.16　鶴見大学歯学部解剖体慰霊塔完成, 開眼・慰霊法要会開催. 4.21-22　第 17 回寺族中央集会・研修会開催. 5.6-7　萬屋一門の歌舞伎俳優中村歌六ら本山の参禅・行持を体験. 5.12　タイ国ビチェン・ワタナクン大使ら寄進の仏像参拝のため拝登. 豪雪による永平寺等北陸地方寺院の被害甚大. ＊全日本仏教会及び宗教教団連帯会議, 同和問題の推進をはかる. 第 29 回全米祈禱朝食会に日本宗教界の代表佐藤隆ら出席. 鈴木首相宗教者との懇談会開催. ローマ法王来日, 広島にて平和アピール.
57	1982	5.25-26　東京・日本武道館にて, 梅花流創立 30 周年記念の奉賛大会勤修. 10.16　乙川瑾映貫首退董. 梅田信隆新貫首入山, 独住 21 世となる. 11.9　国鉄鶴見事故 20 周年記念慰霊祭営修. 11.13　天童寺住職広修法師を団長とする中国浙江省宗教旅遊代表友好訪日団, 本山拝登. 12.6　形山（乙川）瑾映示寂 81. ＊フォークランド紛争. 東北新幹線・大宮 - 盛岡間開業. 上越新幹線・大宮－新潟間開業.
58	1983	2.1　梅田禅師ら 86 名の参拝団, タイ国公式訪問とインド仏跡参拝に出発. 3.28　タイ国ワットパグナム住職プラ・ダーマディララ・マハームニ師他 3 名, 本山拝登. 4.9　梅田禅師, 晋山式を挙行. 6.28　チベット密教ニンマ派の僧, タルタン・トゥルク・リンポチェ師, 本山拝登. 11.30　昭和 56・57 年の台風による本山墓地裏の崖崩れ, 復旧工事完成. ＊日本海中部地震. 第 13 回参議院議員選挙全国区, 比例代表制導入.
59	1984	7.1　曹洞宗被差別戒名慰霊法要営修. 9.　鶴見大学創立 60 周年記念講堂・記念図書館, 竣工. 10.17　同記念式典, 梅田禅師導師, 本尊開眼の儀厳修. ＊ロサンゼルスオリンピック大会.

和　暦	西暦	事　　　　　項
		4.10-5.5　本山宝物殿開館，總持寺秘宝展開催．5.16-6.26　本山勅使門修復工事施行．5.26　国際自由宗教連盟メンバー 95 人本山拝登．6.23-26　スリランカ・台湾の仏教徒，尼僧本山拝登．7.30　第 4 回アジア仏教徒平和会議参加のスリランカ・ソ連・インド・ネパール・ベトナム・朝鮮・バングラディシュ・ラオス・シンガポール・タイの仏教徒 70 人本山拝登．10.23　水子地蔵尊開眼供養式厳修．11.6　水子地蔵尊脇に梅樹庵再建．永平寺山田霊林貫首，退院，秦慧玉副貫首，永平寺 76 世に就位，曹洞宗寺族中央集会永平寺にて開催．弟子丸泰仙『禅の文明』刊行．＊ロッキード事件．
52	1977	1.20　留学僧林光雄ら 3 人タイ国へ出発(翌年 1 月に帰国)．2.28　鶴見女子成人学校落慶式．6.6-8　本山にて布教弁論大会開催．10.15　岩本本山貫首退董．10.21　乙川瑾映新貫首入山，本山独住第 20 世となり，翌年 4.10　晋山式を挙行．12.8　本山成道会に作家瀬戸内寂聴尼参会．曹洞宗永平寺別院長谷寺に十一面観音像完成．愛知専門尼僧堂和会「女性緑蔭禅の集い」開催．＊領海・漁業水域カイリ法成立．
53	1978	3.2　乙川貫首曹洞宗管長就任．3.9-10　NHK テレビ坐禅中の脳波測定．5.28-30　布教弁論大会開催．7.21-25　本山夏季一般摂心会開催．10.2　本山テレホン法話開始．10.27-11.7　乙川貫首，ハワイ開教 75 年記念式典に参加後，北米巡錫．渡辺楳雄寂 85．駒沢大学総長岡本素光寂 79，後任に大久保道舟選出．＊成田空港運営開始．日中平和友好条約調印．稲荷山古墳出土の鉄剣に銘文発見．
54	1979	3.2　タイ国パグナム寺より釈迦像寄贈，奉迎団出発．3.7　絶海（岩本）勝俊示寂 84．4.1　永平二祖孤雲懐弉禅師 700 回大遠忌奉讃法話集『光あまねく』発行．6.29　乙川貫首，本山にて永平二祖国師大遠忌予修法要会親修．7.21　タイ国仏像奉迎式挙行．10.10　岩本前貫首荼毘式．10.12　タイ国仏像開眼法要会厳修，第 7 回總持寺秘宝展開催．10.23　シンガポール首相夫人一行本山参拝．11.9　国立劇場にて本山声明の公演行わる．この年道元禅師入滅地に追慕の碑建立．＊円覚寺朝比奈宗源寂 88．『大正新脩大蔵経』再刊完結．米中国交樹立．ソ連軍アフガニスタン侵入．
55	1980	1.31　本山にてカンボジア難民義援金托鉢修行．2.24　中国

和　暦	西暦	事　　　　項
45	1970	3.6　本山常照殿焼く．4.　本山国際禅センター開設．曹洞宗，各地で「緑蔭禅の集い」を開く．『曹洞宗全書』の覆刊と続巻の編纂を開始．＊核拡散防止条約調印．日本万国博覧会．
46	1971	2.4　岩本本山貫首を名誉団長とするインド仏蹟巡拝納経使節団出発．4.26　本山，総理大臣佐藤栄作を迎え標柱除幕式を行う．5.29-30　第3回世界連邦平和促進宗教大会を本山にて開催．11.9　石川県永光寺，五老峰並に開山塔を整備し宝物館「伝光閣」を建設す．12.7　岩本本山貫首，全日本仏教会会長に就任す．＊沖縄返還協定調印．
47	1972	5.1　總持寺出版部を開設す．＊日中国交正常化成る．飛鳥高松塚古墳壁画発見．
48	1973	1.20-24　ハワイ曹洞宗別院にて瑩山禅師報恩法要会修行．2.18　本山大祖堂地下整備起工式挙行．3.6　常照殿被災3周年供養法要会修行．6.21-25　本山にて提唱，講義，講話に重点を置いた新形式の伝光会開催．9.22　本山指導の許に東京銀座ソニービルに坐禅道場誕生．10.12-15　瑩山・峨山二禅師征諱会秋季大法要会修行．＊インド・ブタガヤに「インド山日本寺」完成し落慶法要会厳修．第4次中東戦争で石油危機，異常インフレ起こる．ベトナム和平協定調印．
49	1974	2.24　瑩山講発会式開催．3.16　大祖堂地階完成落慶法要会挙行．4.1-21　本山開山瑩山禅師650回大遠忌法要会修行．5.10　本山大祖堂で全国梅花流奉詠大会開催．5.27-28　本山にて布教弁論大会．7.30　ソ連・モンゴル仏教団本山に拝登，修行僧と交歓会開催．9.27　本山宝物殿・茶所落慶法要会挙行．12.13　岩本本山貫首，南ベトナムのブンタオの日本寺（永厳禅院）落慶法要会親修，その後，中国香港曹洞宗本山宝蓮寺拝登．＊第2回世界宗教者平和会議，ベルギーで開催．佐藤栄作ノーベル平和賞受賞．
50	1975	2.28　永平寺74世博裔（佐藤）泰舜寂86．山田霊林永平寺75世に就位．5.22-23　本山にて第11回寺族中央研修会開催．6.18　石頭希遷の肉身仏，新潟大学より本山に遷座奉安．＊天皇・皇后訪米．山陽新幹線・岡山-博多間開通．ベトナム戦争終る．沖縄海洋博覧会．天皇・皇后訪米．
51	1976	4.8　アメリカ建国200年とハワイ開教80年を記念し，岩本本山貫首揮毫の「布哇山正法寺」寺号額奉納法要会挙行．

和　暦	西暦	事　　　　　項
		首，日米修好100年記念の日本仏教徒代表，ハワイ関教50年記念法要親修のため米欧巡教に出発．11.30　孤峰本山貫首，米国アイゼンハワー大統領と会見．＊日米新安保条約調印．
36	1961	6.1-2　本山において日本仏教徒大会開催．＊親鸞700回大遠忌，法然750回大遠忌法要会修行．以後各宗の遠忌法要会旺ん．臨済宗妙心寺派，宗勢白書発表，農業基本法成立．
37	1962	9.14　岩本勝俊本山副貫首ら仏教東漸70年記念日米仏教会議に出席のため出発．＊貿易自由化開始．
38	1963	4.14　大祖堂上棟式挙行．12.9　本行（渡辺）玄宗示寂95．＊宇井伯寿寂82．
39	1964	6.9-15　能登別院にて二祖峨山大和尚600回忌報恩大授戒会修行．8.1-9.13　金沢市石川県美術館にて「總持寺展」開催．11.9　鶴見事故慰霊碑建立．保坂玉泉らデンマークへ仏書贈呈使節団として派遣．8.28　保坂玉泉寂78．＊東京オリンピック大会．東海道新幹線開業．
40	1965	3.　大祖堂竣工落慶式挙行．4.1-21　二祖峨山韶碩大和尚600回忌法要会並びに諸行持を本山にて修行．この年，放光観音建立（2代目）．宝慶寺耕道（橋本）恵光寂77．沢木興道寂86．＊日韓基本条約調印．米軍ベトナム北爆開始．
41	1966	＊鈴木大拙寂95．日ソ航空貿易協定調印．中国文化大革命．
42	1967	11.1　瑩堂（孤峰）智璨示寂89．岩本勝俊副貫首，独住第19世として晋住．
43	1968	1.7　祖学（熊沢）泰禅示寂96．1.19　玉堂（高階）瓏仙示寂93．4.13　總持寺三門上棟式挙行．6.21　本山にて伝光会開催．10.3　本山にて檀信徒中央集会を開催．明治100年並に北海道開道100年記念曹洞宗大会を札幌市にて開催．＊インド・ブッダガヤに日本寺及び国際仏教会館建設．小笠原返還協定調印．
44	1969	4.1　本山三門落慶式挙行．同月　能登別院を總持寺祖院と称することに決定す．6.13　「瑩山禅師生誕地顕彰碑」を福井県武生市帆山町に建立．6.25　全日本仏教会並に国際仏教交流協会共催によるインデラ・ガンジー印度首相の来日歓迎会を本山において開催す．11.7　総持学園創立45周年記念式典挙行．駒沢大学禅研究所で9部門よりなる禅の総合的研究確立．＊大学紛争．

和　暦	西暦	事　　　　　項
		世に晋住．3.19　実山（久我）篤立示寂81．佐川玄彝，本山独住第15世に晋住．＊鈴木大拙『禅思想史研究』著わす．日本軍ガダルカナル島撤退．イタリア降伏．
19	1944	2.7　佐川本山貫首，永平寺へ昇任．同日　熊沢泰禅，本山独住16世として晋住，即日永平寺へ昇住．2.8　渡辺玄宗，本山独住第17世として晋住．5.13　訓山（佐川）玄彝示寂77．永平寺において大祈願法要会厳修．
20	1945	＊米軍，沖縄に上陸．ドイツ無条件降伏．広島・長崎に原子爆弾投下．ポツダム宣言受諾．
21	1946	5.20より5日間本山にて伝光会を開く．曹洞宗新宗憲制定・実施．＊日本国憲法公布．
22	1947	2.4　活竜（大森）禅戒示寂77．曹洞宗第1回檀信徒中央集会開催．
24	1949	＊鈴木大拙，文化勲章受賞．
26	1951	＊日本仏教徒会議・新日本宗教団体連合会・日本印度学仏教学会発足．サンフランシスコ講和会議．
27	1952	4.1　本山にても道元禅師700回忌法要会修行．4.24　桜木町事故犠牲者慰霊観音像建立．10.15　渡辺本山貫首，大祖堂再建を発願．4.16より3週間永平寺にて道元禅師700回忌法要会修行．＊世界仏教徒第2回会議東京にて開催．辻善之助，文化勲章受賞．日米行政協定調印．
28	1953	＊宇井伯寿，文化勲章受賞．NHKテレビ放送開始．朝鮮休戦協定調印．
29	1954	＊全日本仏教会発足．警察法・自衛隊法成立．
30	1955	5.26-27　全国檀信徒中央集会，本山にて開催．
31	1956	＊日ソ共同宣言．国際連合加盟．神武景気．
32	1957	1.10　本山監院岩本勝俊，仏紀2500年式典参列のため国賓としてセイロンへ赴き，2.10　帰国．10.15　渡辺本山貫首，退董，孤峰智璨副貫首，本山独住第18世として晋住．＊日本仏教親善使節団訪中．
34	1959	3.24　本山，北海道別院設置．4.8　本山にて国際親善仏教徒大会開かる．10.15　大祖堂再建着工式挙行．曹洞宗，宗勢白書発表．＊皇太子結婚式挙行．岩戸景気．伊勢湾台風．
35	1960	4.17　本山にて宗務庁主催．梅花流全国奉詠大会開催．5.16-17　本山にて曹洞宗檀信徒中央集会開催．9.28　孤峰本山貫

本の豊かな世界と知の広がりを伝える

吉川弘文館のPR誌

本郷

定期購読のおすすめ

◆『本郷』(年６冊発行)は、定期購読を申し込んで頂いた方にのみ、直接郵送でお届けしております。この機会にぜひ定期のご購読をお願い申し上げます。ご希望の方は、**何号からか購読開始の号数**を明記のうえ、添付の振替用紙でお申し込み下さい。

◆お知り合い・ご友人にも本誌のご購読をおすすめ頂ければ幸いです。ご連絡を頂き次第、見本誌をお送り致します。

●購読料●　(送料共・税込)

１年(６冊分)	1,000円	２年(12冊分)	2,000円
３年(18冊分)	2,800円	４年(24冊分)	3,600円

ご送金は４年分までとさせて頂きます。

見本誌送呈　見本誌を無料でお送り致します。ご希望の方は、はがきで営業部宛ご請求下さい。

吉川弘文館

〒113-0033　東京都文京区本郷7-2-8／電話03-3813-9151

吉川弘文館のホームページ http://www.yoshikawa-k.co.jp/

（ご注意）

・この用紙は、機械で処理しますので、金額を記入する際は、枠内にはっきりと記入してください。また、本票を汚したり、折り曲げたりしないでください。

・この用紙は、ゆうちょ銀行又は郵便局の払込機能付きＡＴＭでもご利用いただけます。

・この払込書を、ゆうちょ銀行又は郵便局の渉外員にお預けになるときは、引換えに預り証を必ずお受け取りください。

・ご依頼人様からご提出いただきました払込書に記載されたおところ、おなまえ等は、加入者様に通知されます。

・この受領証は、払込みの証拠となるものですから大切に保管してください。

収入印紙
課税相当額以上
貼　付

印

この用紙で「本郷」年間購読のお申し込みができます。

◆この申込票に必要事項をご記入の上、記載金額を添えて郵便局でお払込み下さい。

◆「本郷」のご送金は、４年分までとさせて頂きます。

この用紙で書籍のご注文ができます。

◆この申込票の通信欄にご注文の書籍をご記入の上、書籍代金（本体価格＋消費税）に荷造送料を加えた金額をお払込み下さい。

◆荷造送料は、ご注文１回の配送につき380円です。

◆入金確認まで約７日かかります。ご諒承下さい。

振替払込料は弊社が負担いたしますから無料です。

※領収証は改めてお送りいたしませんので、予めご諒承下さい。

お問い合わせ　〒113-0033・東京都文京区本郷７―２―８
吉川弘文館　営業部
電話03-3813-9151　FAX03-3812-3544

この場所には、何も記載しないでください。

02 東京

払込取扱票

通常払込料金加入者負担

口座記号番号		金額	千	百	十	万	千	百	十	円
00100-5	244		※							

加入者名	株式会社 吉川弘文館	料金		備考	

ご依頼人	
フリガナ ※お名前	
郵便番号	電話
※ご住所	
通信欄	※

◆「本郷」購読を希望します

購読開始　　号 より

1年 1000円（6冊）　3年 2800円（18冊）
2年 2000円（12冊）　4年 3600円（24冊）
（ご希望の購読期間に○印をお付け下さい）

日附印

各票の※印欄は、ご依頼人において記載してください。

裏面の注意事項をお読みください。（ゆうちょ銀行）（承認番号東第53889号）

これより下部には何も記入しないでください。

切り取らないでお出しください。

記載事項を訂正した場合は、その個所に訂正印を押してください。

振替払込請求書兼受領証

口座記号番号	00100-5 244 通常払込料金加入者負担
加入者名	株式会社 吉川弘文館
金額	千 百 十 万 千 百 十 円 ※
ご依頼人	おなまえ ※　様
料金	日附印
備考	

この受領証は、大切に保管してください。

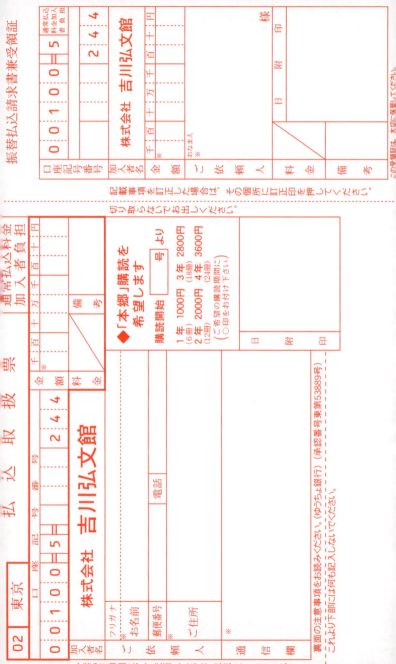

吉川弘文館 新刊ご案内

〒113-0033・東京都文京区本郷7丁目2番8号　振替 00100-5-244（表示価格は税別です）
電話 03-3813-9151（代表）　ＦＡＸ 03-3812-3544　http://www.yoshikawa-k.co.jp/

2015年４月

日本とアジアの視点から迫る中近世城郭と戦国の世！

城を極める 全5冊 刊行開始

Ａ５判・平均二四〇頁

『内容案内』送呈

【企画編集委員】千田嘉博

中世城郭の縄張と空間　土の城が語るもの

松岡　進著

二二〇〇円

日本全国に広く分布する、建物はおろか石垣も水堀もない中世の〝土の城〟。永年の縄張研究の成果を原点から見つめなおし、それらが形成する地域の特徴をとらえ、軍事的・社会的段階の変化、近世への道のりをたどる。（第１回配本）

築城者の思い、
戦乱の記憶、
周辺に生きた人々…。

続刊
書名は仮題のものもあります。

東アジアの中世城郭　女真の山城と平城　〈５月刊〉臼杵　勲著

戦国大名の城下町　都市と城郭の空間構造　山村亜希著

城の時代　中世城館から天下人の城へ　千田嘉博著

近世城郭の成立　天下人の城郭革命　宮武正登著

近畿の名城を歩く
大阪・兵庫・和歌山編

仁木　宏
福島克彦 編

Ａ５判・三二〇頁・原色口絵四頁／二四〇〇円

往時を偲ばせる石垣や土塁、曲輪《くるわ》の痕跡などが訪れる者を魅了する中世城館跡。大阪・兵庫・和歌山の三府県から精選した名城七九を紹介する。最新の発掘成果に文献による裏付けを加えた、〈名城を歩く〉シリーズ近畿編。城郭ファン必備！

〈５月刊〉滋賀・京都・奈良編

一冊の本から広がる〈知〉の宇宙

歴史文化ライブラリー

全冊書下ろし

四六判・平均二二〇頁

通巻400冊達成！

◆人類誕生から現代まで……
◆忘れられた歴史の発掘……
◆常識への挑戦……
◆学問の成果をわかりやすく……
◆ハンディな造本と読みやすい活字
◆個性あふれる装幀……

毎月2冊ずつ好評刊行中！

●最新刊の6冊

396 平城京の住宅事情 貴族はどこに住んだのか

近江俊秀著

平城京にはどんな人がどこに住んでいたのか。長屋王邸などの発掘成果を駆使し、宅地の規模や構造から相続問題まで住宅事情に迫る。身分が高いほど一等地を与えられたとされる通説を見直し、当時の社会構造にまで言及する。

二四〇頁／一七〇〇円

397 平安時代の死刑 なぜ避けられたのか

戸川　点著

平安時代、薬子《くすこ》の変を最後に天皇の裁可による死刑は行われなかった。だが、平将門のさらし首などの記録から、タテマエとしての死刑忌避と実態としての死刑があった真実を究明。今日の死刑制度議論に一石を投じる書。

二〇八頁／一七〇〇円

398 馬と人の江戸時代

兼平賢治著

江戸時代、馬は将軍から百姓まで多様な身分の人々と寄り添い生きていた。名馬の産地、盛岡藩領の南部馬に注目。武具・農具としての役割や、人馬をとりまく自然環境を読み解き、馬と人の営みから見える江戸社会を描く。

二二四頁／一七〇〇円

399 帝国日本の技術者たち

沢井　実著

総力戦遂行のため、大量に必要とされた航空機・電波兵器・鉄道などの技術者たち。国内や植民地で彼らは活躍するが、敗戦後は民間企業などに転身し高度成長を牽引する。帝国日本の拡大を支えた技術者たちの実態に迫る。

二二四頁／一七〇〇円

400 三浦一族の中世

高橋秀樹著

桓武平氏とされる、相模国随一の大豪族三浦氏の実像が今、見直されている。代々幕府の重鎮を輩出し宝治合戦でいったんは滅ぶも、佐原系三浦氏や三浦和田氏らは中世末まで存続した。一族の興亡から中世史を見つめ直す。

二二四頁／一七〇〇円

401 日本酒の近現代史

酒造地の誕生

鈴木芳行著

近代、科学の進歩や機械化により「腐敗」の問題を断ち切った日本の酒づくり。全国の老舗酒造家たちは、酒税の改変や災害、不況、戦争など、激動の時代をいかに乗り越えてきたのか。酒造五〇〇年の歴史を鮮やかに描く。

二四〇頁／一七〇〇円

北海道～沖縄、旧植民地、軍隊知識など、かつて日常生活のなかにあった軍隊を、歴史的・社会的に考える体系的シリーズ！

地域のなかの軍隊

全9巻 刊行中！

〈企画編集委員〉原田敬一

荒川章二　坂根嘉弘　林　博史
河西英通　坂本悠一　山本和重

四六判・平均二五〇頁／『内容案内』送呈

既刊各二八〇〇円

●新刊の3冊

1 北の軍隊と軍都【北海道・東北】

山本和重編

ロシアに近い北海道・東北地方は軍事戦略上重要視され、仙台・旭川・弘前に師団が設置された。それら三都市を中心に、市民生活と軍隊の関わりを描く。徴兵忌避、アイヌの徴兵・召集、災害時の軍隊の役割にも言及する。　二五〇頁

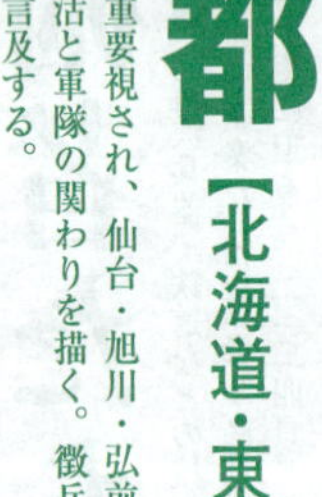

4 古都・商都の軍隊【近畿】

原田敬一編

「都会の軍隊は弱い」というイメージは本当だったのか。古さと新しさが併存する近畿地方の各地域で、軍隊がいかに存在したのかを探る。戦没者慰霊のあり方や在郷軍人会の成立など、民衆の視点からも軍隊を問い直す。　二四八頁

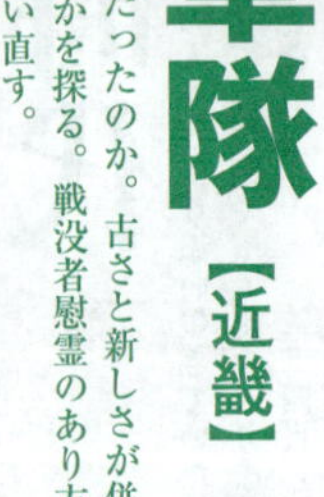

7 帝国支配の最前線【植民地】

坂本悠一編

明治初年以降、絶え間ない対外戦争で植民地を獲得してきた帝国日本。台湾・南樺太・満洲・朝鮮・南洋群島の旧植民地に、軍隊はいかに関わったのか？　植民地支配の前衛を担った現地軍隊の動向を、地域ごとに追究する。

三二〇頁

既刊

2 軍都としての帝都【関東】 荒川章二編

3 列島中央の軍事拠点【中部】 河西英通編

5 西の軍隊と軍港都市【中国・四国】 坂根嘉弘編

6 大陸・南方膨張の拠点【九州・沖縄】 林　博史編

続刊

8 日本の軍隊を知る【基礎知識編】 荒川・河西・坂根・坂本・原田編 （5月刊）

9 軍隊と地域社会を問う【地域社会編】 林・原田・山本編 （7月刊予定）

※書名は仮題のものもあります。

読みなおす日本史

毎月１冊ずつ刊行中　四六判

蒲生氏郷
今村義孝著
二四四頁／二二〇〇円（解説＝矢部健太郎）

近世大坂の町と人
脇田　修著
二九六頁／二五〇〇円（補論＝脇田　修）

キリシタン大名
岡田章雄著
二一八頁／二二〇〇円（解説＝五野井隆史）

近江の土豪から頭角をあらわし、信長・秀吉のもとで才能を発揮。徳川・毛利に次ぐ広大な領地を有する大大名にいたるも急逝した氏郷の生涯を辿る。キリシタン大名、利休七哲としての交友や、伊達政宗との関係も検証。

豊臣氏滅亡後、大坂は町人の町となった。〝水の都〟の構造、道頓堀や千日前など盛り場の誕生、米市場や木綿などの経済活動、強靱な町人意識と気概、中井竹山や木村蒹葭堂らの文化人、適塾など、商都大坂の魅力に迫る。

戦国時代末期、西洋文物とともに伝来したキリスト教。多くの武将が入信した動機とは何か。また厳しい戦国の世を生きぬく上でいかなる意味を持ったのか。統一権力に抑圧され、追放される過程から彼らの思いを読み解く。

人《ひと》をあるく 三遊亭円朝と江戸落語

須田　努著

文明開化のさなか、東京の噺家の頂点に立つ三遊亭円朝。彼はいかに立身出世を遂げたのか、その事跡と創作の根源に迫る。『真景累ケ淵』『怪談牡丹燈籠』など、円朝による江戸落語の名作を紹介し、ゆかりの地を訪ねる。（第13回配本）Ａ５判・一六〇頁／二〇〇〇円

歴史のなかの『夜明け前』 平田国学の幕末維新

宮地正人著

四六判・五五六頁／四八〇〇円

島崎藤村が幕末期の人間模様を描いた『夜明け前』。その舞台である東美濃・南信濃地域の豪農商たちの、小説よりも多様な姿や物語の歴史的背景を描く。平田国学を受容した人々を取り上げ、新視点でその実態に迫る。

豊臣秀次（人物叢書／通巻280）

藤田恒春著

四六判・二八八頁／二二〇〇円

織豊時代の武将・関白。豊臣秀吉の実姉の子に生まれ、秀吉の養子となる。関白職を秀吉から譲られるが、秀頼誕生後、「秀次事件」で高野山に果て、妻子や侍女ら三十余名は処刑された。死の真相と影響を探り、実像を描く。

葬式は誰がするのか 葬儀の変遷史

新谷尚紀著

Ａ５判・二〇六頁／三五〇〇円

高齢社会を迎え、死と葬送への関心が高まっている。葬法の歴史を追跡し、各地の葬送事例から、葬儀とその担い手（隣近所と家族親族）の変遷を民俗学の視点から解き明かす。葬祭ホールなど、現代の葬送事情も紹介する。

史料が語る三井のあゆみ 越後屋から三井財閥

三井文庫編集・発行（吉川弘文館・発売）

Ｂ５判・一五四頁／一六〇〇円

江戸の豪商・三井高利に始まり、近代の財閥時代に至る日本経済の巨人・三井。幕末明治の動乱などの困難な時代をいかに乗り越え、成長発展を遂げたのか。貴重な史料を読み解きつつ平易に描く、三井三五〇年のあゆみ。

明治・大正の広告メディア

〈正月用引札〉が語るもの

熊倉一紗著

明治・大正期に配布された極彩色の印刷物、正月用引札。広告・情報伝達・祝賀の機能に着目し、図像の変遷と歴史的・社会的文脈との関係を、六〇〇点近い引札を精選して考察。儚くも消えていったメディアの諸相を描く。

Ａ５判・三四四頁・原色口絵四八頁／二四〇〇円

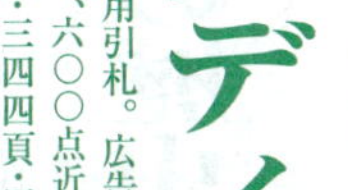

百貨店で〈趣味〉を買う

大衆消費文化の近代

神野由紀著

明治末期以降、都市部の新中間層は一部好事家のものだった「趣味」に憧れ、百貨店で手軽に獲得しようとした。風流な道具や趣味の人形など、百貨店で販売された商品の背後にある〈良い趣味〉を読み解き、その活動を考える。

四六判・二四八頁／二五〇〇円

皇室の御用写真師

ライティングを駆使した一四三点の写真で浮かび上がる明治人とその時代！

皇族元勲と明治人のアルバム

写真師丸木利陽とその作品

研谷紀夫編

明治から大正期に「御用写真師」として活躍し、独自の技法を確立した丸木利陽《りよう》。皇室・元勲ほか明治を生きた人々の肖像など一四三点を収め、激動の時代を振り返る。写真台紙のロゴ一覧や、丸木に関する関連資料などを付す。

『内容案内』送呈

Ａ５判・二〇〇頁
一八〇〇〇円

日本史を学ぶための古文書・古記録訓読法

四六判・二〇四頁〈3刷〉一七〇〇円

日本史史料研究会監修　苅米一志著

古代・中世の史料は「変体漢文」という独特な文章で綴られるが、これを読解する入門書は存在しなかった。史料の品詞や語法を正確に解釈するためのはじめての手引書。豊富な文例に訓読と現代語訳を配置。演習問題も付す。

藤原鎌足と阿武《あぶ》山古墳

高槻市教育委員会編

四六判・二六二頁・原色口絵四頁／二八〇〇円

大阪府高槻市に位置する阿武山古墳。今回、古墳発見当時のX線写真の新たな解析などから、藤原鎌足墓説が強まった。終末期古墳・遺骸とさまざまな副葬品・乾漆棺などの諸問題を探り、阿武山古墳の真の被葬者に迫る。

築何年？

炭素で調べる古建築の年代研究【歴博フォーラム】

坂本　稔・中尾七重・国立歴史民俗博物館編

四六判・二〇八頁・原色口絵四頁／二七〇〇円

歴史的建造物の年代調査に、炭素14年代法が大きな成果をあげるようになった。最新の測定法の原理から、宮島や鞆の浦の町家、鑁阿寺本堂など実際の事例、年輪年代法などとの相互検証まで、年代研究の最前線へと誘う。

古代の都市と条里

条里制・古代都市研究会編

A5判・三五二頁／二八〇〇円

全国で国庁・郡家と呼ばれる古代の役所跡や水田遺構が発掘され、律令制下の都市づくりや土地政策の実態が明らかにされつつある。古代都城や地方都市、五畿七道の各地に光を当て、最新の研究成果をわかりやすく解説。

黒板勝美の思い出と私たちの歴史探究

黒板伸夫・永井路子編

四六判・二三八頁／二五〇〇円

『新訂増補国史大系』編輯など、日本史学界を牽引した黒板勝美の人となりや思想、知られざる実像を、甥の黒板伸夫と歴史小説家の永井路子が語る。平安時代の文学と仏教、歴史小説と史料など、それぞれの仕事も振り返る。

現代語訳 **吾妻鏡** 全16巻 刊行中

鎌倉時代の基本的な歴史書を初の現代語訳化

五味文彦・本郷和人・西田友広編

四六判・平均二九六頁

15 飢饉と新制

正嘉二年（一二五八）〜弘長元年（一二六一）

将軍宗尊親王の上洛準備が進められる。隠居した北条時頼だが、依然政治にも関与し、将軍もしばしば最明寺邸を訪れた。諸国で暴風等の被害が大きく、将軍上洛は延期。弘長新制と呼ばれる政治改革の幕府法令も出される。

〈最新刊〉二五六頁／二八〇〇円

急告

別巻 **吾妻鏡入門**（仮題）

五味文彦・本郷和人・杉山 巌・西田友広・遠藤珠紀編

全16巻の解説・注を補完する。本編完結後刊行決定。 予価二八〇〇円

日本古代都城制と城柵の研究

阿部義平著

A5判・三二六頁／九〇〇〇円

宮都は藤原京から平城京に遷り、唐に倣った都城へと発展した。その構造をどう理解するのか。蝦夷と対峙して東北に築かれた城柵の実態とはどのようなものか。古代国家解明の鍵を握る都城と城柵に考古学から迫る。

足利学校を究める不朽の名著。四十年ぶりに完全復刻！

増補新訂

足利学校の研究〈新装版〉

川瀬一馬著

B5判／二〇〇〇〇円

〝日本最古の学問所〟足利学校の研究に必備の名著を完全復刻。創設の諸説、上杉憲実の学校建設、歴代庠主（学長）、学徒と蔵書、教学目的と存在意義など、膨大な史資料を精査して詳述。

蔵書目録・索引・追補・解説付。

三四四頁・口絵六四頁

（本書より）

日本古代の軍事武装と系譜

津野 仁著

B5判・三二八頁／一三〇〇〇円

奈良・平安時代の武器・武具・馬具について、資料を集成し編年を提示する。弓・鐙・轡・甲冑など武装に関わる考古遺物の変遷と画期を解明。武装の地域性にも注目し、その系譜を辿りつつ、古代軍事武装の実態に迫る。

金子 拓著

織田信長権力論

A5判・四三六頁／六五〇〇円

新時代を切り拓く「革命児」といわれた織田信長。近年、その人物像は揺らいでいる。信長権力はいかなる仕組みを通じて発揮され、どんな人々が関わったのか。史料を丹念に読むことで明らかになる、新たな信長像とは。

日米安保と事前協議制度 「対等性」の維持装置

豊田祐基子著

日米安保条約改定時に成立した事前協議制度。核持ち込みや軍事行動の際、日本の発言権確保のため設けられたが、発動されることなく相互依存を深める装置となっていく。制度の全体像に迫り、日米安保の秘めた側面を暴く。

A５判・三〇〇頁／七〇〇〇円

平安時代の神社と神職

加瀬直弥著　A５判・三二〇頁／一〇〇〇〇円

古来、神社で神まつりを執行した神職だが、神社の祭神に対するのみではなかった。神事などから神社修造を検討し、神社の威厳を高める神階や一宮など「社格」を取り上げて、平安時代の神職が社会に果たした役割を解明。

江戸築城と伊豆石

江戸遺跡研究会編　A５判／六〇〇〇円　二七四頁　原色口絵四頁

江戸城の石垣や城下の建設に用いられた伊豆石。この相模西部や伊豆半島産出の石材が、どのように切り出され江戸まで運ばれたのかなどを追究。石丁場遺跡や石材の刻印から、江戸城普請に関わった人びとの姿にも迫る。

番茶と庶民喫茶史（日本歴史民俗叢書）

中村羊一郎著　A５判・三六八頁／八〇〇〇円

従来の茶の湯文化や歴史に対し、「日常茶飯事」という言葉が表す庶民の茶（番茶）はいかなる製茶法で作られ、利用されてきたのか。日本各地の産地をはじめ、中国やミャンマーなども現地調査。お茶独自の文化を探究する。

陶磁器ワラ包装技術の文化史

宮木慧子著　B５判・一七四頁・原色口絵八頁／一二〇〇〇円

ヨーロッパに輸出された景徳鎮や伊万里・有田の陶磁器。その生産や流通過程で展開されたワラ包装に着目し、加工技術の地域性を豊富な図版を交え考察。中国・韓国の事例も検討し、デザイン性や造形的特質を解明する。

交通史研究 第85号　交通史学会編 ―― A５判・六六頁／二五〇〇円

鎌倉遺文研究 第35号　鎌倉遺文研究会編 ―― A５判・一二八頁／二〇〇〇円

戦国史研究 第69号　戦国史研究会編集 ―― A５判・五二頁／六四九円

皇室制度史料 儀制 立太子一　宮内庁書陵部編纂 ―― A５判・三九〇頁／一一五〇〇円

増補大神宮叢書 ㉓神宮近世奉賽拾要 前篇　神宮司庁蔵版 ―― 菊判・一〇四〇頁・原色口絵一丁／一六〇〇〇円

国史大辞典 全15巻（17冊）
国史大辞典編集委員会編
四六倍判・平均一一五〇頁
本文編（第1巻〜第14巻）＝各一八〇〇〇円
索引編（第15巻上中下）＝各一五〇〇〇円
全17冊揃価
二九七〇〇〇円

明治時代史大辞典 全4巻
宮地正人・佐藤能丸・櫻井良樹編
四六倍判・平均一〇一〇頁
第1巻〜第3巻＝各二八〇〇〇円
第4巻（補遺・付録・索引）＝二〇〇〇〇円
全4巻揃価
一〇四〇〇〇円

歴史考古学大辞典
小野正敏・佐藤 信・舘野和己・田辺征夫編
四六倍判
一三九二頁
三二〇〇〇円

日本歴史災害事典
北原糸子・松浦律子・木村玲欧編
菊判・八九二頁
一五〇〇〇円

歴代天皇・年号事典
米田雄介編
四六判・四四八頁／一九〇〇円

日本古代氏族人名辞典【普及版】
坂本太郎・平野邦雄監修
菊判・七六〇頁／四八〇〇円

源平合戦事典
福田豊彦・関 幸彦編
菊判・三六二頁／七〇〇〇円

戦国人名辞典
戦国人名辞典編集委員会編
菊判・一一八四頁／一八〇〇〇円

戦国武将・合戦事典
峰岸純夫・片桐昭彦編
菊判・一〇二八頁／八〇〇〇円

織田信長家臣人名辞典 第2版
谷口克広著
菊判・五六六頁／七五〇〇円

日本古代中世人名辞典
平野邦雄・瀬野精一郎編
四六倍判・一二二二頁／二〇〇〇〇円

日本近世人名辞典
竹内 誠・深井雅海編
四六倍判・一三二八頁／二〇〇〇〇円

日本近現代人名辞典
臼井勝美・高村直助・鳥海 靖・由井正臣編
四六倍判
一三九二頁
二〇〇〇〇円

明治維新人名辞典
日本歴史学会編
菊判・一一一四頁／一二〇〇〇円

歴代内閣・首相事典
鳥海　靖編
菊判・八三二頁／九五〇〇円

日本女性史大辞典
金子幸子・黒田弘子・菅野則子・義江明子編
四六倍判
九六八頁
二八〇〇〇円

事典 日本の名僧
今泉淑夫編
四六判・四九六頁／二七〇〇円

事典 日本の仏教
蓑輪顕量編
四六判・五六〇頁／四二〇〇円

日本仏教史辞典
今泉淑夫編
四六倍判・一三〇六頁／二〇〇〇〇円

神道史大辞典
薗田　稔・橋本政宣編
四六倍判・一三七六頁／二八〇〇〇円

事典 神社の歴史と祭り
岡田莊司・笹生　衛編
A5判・四一六頁／三八〇〇円

日本民俗大辞典 上・下（全2冊）
福田アジオ・神田より子・新谷尚紀・中込睦子・湯川洋司・渡邊欣雄編
四六倍判
上＝一〇八八頁・下＝一一九八頁／揃価四〇〇〇〇円（各二〇〇〇〇円）

精選 日本民俗辞典
菊判・七〇四頁
六〇〇〇円

民俗小事典 死と葬送
新谷尚紀・関沢まゆみ編
四六判・四三八頁／三二〇〇円

民俗小事典 神事と芸能
神田より子・俵木　悟編
四六判・五一〇頁／三四〇〇円

民俗小事典 食
新谷尚紀・関沢まゆみ編
四六判・五一二頁／三五〇〇円

沖縄民俗辞典
渡邊欣雄・岡野宣勝・佐藤壮広・塩月亮子・宮下克也編
菊判・六七二頁
八〇〇〇円

有識故実大辞典
鈴木敬三編
四六倍判・九一六頁／一八〇〇〇円

年中行事大辞典
加藤友康・高埜利彦・長沢利明・山田邦明編
四六倍判・八七二頁 二八〇〇〇円

日本石造物辞典
日本石造物辞典編集委員会編
菊判・一四二〇頁 二〇〇〇〇円

事典 墓の考古学
土生田純之編
菊判・五二〇頁／九五〇〇円

事典 江戸の暮らしの考古学
古泉 弘編
四六判・三九六頁／三八〇〇円

二〇世紀満洲歴史事典
貴志俊彦・松重充浩・松村史紀編
菊判 八四〇頁 一四〇〇〇円

〈沖縄〉基地問題を知る事典
前田哲男・林 博史・我部政明編
A5判・二一八頁／二四〇〇円

大石 学編

徳川歴代将軍事典
菊判・八八二頁／一三〇〇〇円

江戸幕府大事典
菊判・一一六八頁／一八〇〇〇円

近世藩制・藩校大事典
菊判・一一六八頁／一〇〇〇〇円

吉川弘文館編集部編

奈良古社寺辞典
四六判・三六〇頁・原色口絵八頁／二八〇〇円

京都古社寺辞典
四六判・四五六頁・原色口絵八頁／三〇〇〇円

鎌倉古社寺辞典
四六判・二九六頁・原色口絵八頁／二七〇〇円

世界の文字の図典【普及版】
世界の文字研究会編
菊判・六四〇頁／四八〇〇円

知っておきたい
日本の名言・格言事典
大隅和雄・神田千里・季武嘉也・山本博文・義江彰夫著
A5判・二七二頁／二六〇〇円

知っておきたい
日本史の名場面事典
大隅和雄・神田千里・季武嘉也
森 公章・山本博文・義江彰夫著
A5判・二八六頁
二七〇〇円

知っておきたい
名僧のことば事典
中尾 堯・今井雅晴編
A5判・三〇四頁／二九〇〇円

知っておきたい
日本の年中行事事典
福田アジオ・菊池健策・山崎祐子・常光 徹・福原敏男著
A5判・二二四頁／二七〇〇円

日本仏像事典
真鍋俊照編
四六判・四四八頁／二五〇〇円

大好評のロングセラー
日本史年表・地図
児玉幸多編
B5判・一三六頁／一三〇〇円

日本の食文化史年表
江原絢子・東四柳祥子編
菊判・四一八頁／五〇〇〇円

日本史総合年表 第二版
加藤友康・瀬野精一郎・鳥海 靖・丸山雍成編
四六倍判・一一八二頁／一四〇〇〇円

日本軍事史年表 昭和・平成
吉川弘文館編集部編
菊判・五一八頁／六〇〇〇円

誰でも読める「ふりがな付き」
日本史年表 全5冊
吉川弘文館編集部編
菊判・平均五二〇頁
第11回 学校図書館出版賞受賞

古代編 五七〇〇円　近代編 四二〇〇円
中世編 四八〇〇円　現代編 四二〇〇円
近世編 四六〇〇円　全5冊揃価＝二三五〇〇円

世界史年表・地図
亀井高孝・三上次男・林 健太郎・堀米庸三編
B5判
二〇六頁
一四〇〇円

料金受取人払郵便

本郷局承認

8761

差出有効期間
平成29年7月
31日まで

郵便はがき

113-8790

251

東京都文京区本郷7丁目2番8号

吉川弘文館 行

愛読者カード

本書をお買い上げいただきまして、まことにありがとうございました。このハガキを、小社へのご意見またはご注文にご利用下さい。

お買上**書名**

＊本書に関するご感想、ご批判をお聞かせ下さい。

＊出版を希望するテーマ・執筆者名をお聞かせ下さい。

お買上
書店名　区市町　書店

◆新刊情報はホームページで　http://www.yoshikawa-k.co.jp/

◆ご注文、ご意見については　E-mail:sales@yoshikawa-k.co.jp

ご氏名《ふりがな》	年齢　　歳	男・女
〒□□□-□□□□ ご住所	電話	
ご職業	所属学会等	
ご購読新聞名	ご購読雑誌名	

今後、吉川弘文館の「新刊案内」等をお送りいたします(年に数回を予定)。
ご承諾いただける方は右の□の中に✓をご記入ください。 □

注文書

月　　日

書　　名	定　価	部　数
	円	部
	円	部
	円	部
	円	部
	円	部

配本は、○印を付けた方法にして下さい。

イ. 下記書店へ配本して下さい。
（直接書店にお渡し下さい）

（書店・取次帖合印）

書店様へ＝書店帖合印を捺印下さい。

ロ. 直接送本して下さい。

代金（書籍代＋送料・手数料）は、お届けの際に現品と引換えにお支払下さい。送料・手数料は、書籍代計 1,500 円未満 530 円、1,500 円以上 230 円です（いずれも税込）。

＊お急ぎのご注文には電話、FAXもご利用ください。
電話 03−3813−9151（代）
FAX 03−3812−3544

總持寺の歴史略年譜

1）總持寺（曹洞宗）関係を中心に記載し，仏教関連及び一般事項は＊以下にまとめた．
2）禅師号は本書の内容に鑑み，限定的に使用した．
3）南北朝年間の和暦は本文の記述に従い南朝年号とし，（　）内に北朝年号を表記した．
4）本略年譜は旧版を元に編者が作成し，昭和57年以降は宮地清彦氏（曹洞宗総合研究センター専任研究員）の協力を得た。

和　暦	西暦	事　　項
建久9	1198	孤雲懐弉禅師，京都にて誕生（永平寺二世）（以下，懐弉禅師）．
正治2	1200	1.2　道元禅師，京都にて誕生．
建保元	1213	4.9　道元禅師，剃髪得度．師は天台座主公円．
建保7	1219	徹通義介，越前にて誕生（永平寺三世・大乗寺開山）（以下，義介）．＊源氏滅ぶ．北条氏の執権政治始まる．
貞応2	1223	2.22　道元禅師，明全と共に建仁寺を出て入宋．
元仁元	1224	＊親鸞，「教行信証」（浄土真宗の初め）．
嘉禄元	1225	5.1　道元禅師，天童如浄と初相見．夏安居中，道元禅師，如浄から「身心脱落話」を聞いて大悟．
嘉禄3	1227	道元禅師，秋に帰国，建仁寺に留錫．『普勧坐禅儀』を撰述．
寛喜4	1232	義介，比叡山にて受戒．
天福元	1233	道元禅師，観音導利院（後の興聖寺）に落ち着く．『正法眼蔵』最初の巻，「摩訶般若波羅蜜」撰述．
文暦元	1234	懐弉禅師，道元禅師に弟子入り．
寛元元	1243	7.16　道元禅師，波多野義重の要請により越前に移転．
2	1244	7.18　道元禅師，吉峰寺から大仏寺に移動．
4	1246	6.15　大仏寺を永平寺に改称．
宝治元	1247	8.3　道元禅師，鎌倉行化．＊宝治合戦
建長5	1253	7.15　道元禅師，永平寺住職の座を懐弉禅師に譲る．8.5　道元禅師，波多野義重の進言により病気療養のため上洛．8.28　道元禅師，遷化54歳．義雲，京都にて誕生（永平寺五世・同寺中興）．＊日蓮，法華宗を開く．
正元元	1259	義介，入宋，4年後帰国．『五山十刹図』を記す．
文永元	1264	10.8　瑩山紹瑾禅師，誕生（以下，瑩山禅師）．

和　暦	西暦	事　　　　項
文永5	1268	10.8　瑩山紹瑾禅師，誕生（58歳説）．
6	1269	宋僧大休正念，来日．
8	1271	4.8 瑩山禅師，永平寺に上り義介に投じて沙弥となる．
9	1272	2.　義介，永平寺山下の養母堂へ庵居．
10	1273	＊南浦紹明，元使趙良弼を接待．
11	1274	＊文永の役．一遍，時宗を開く．
建治2	1276	2.18　瑩山禅師，懐奘禅師に受戒（作僧）．峨山韶碩禅師（以下，峨山禅師），能登羽咋郡瓜生田に誕生（一説には建治元年）．
弘安2	1279	＊宋僧無学祖元，来日．元，南宋を滅ぼす．
弘安3	1280	8.24　懐奘禅師，永平寺にて示寂83．義介，永平寺に再登院．＊円爾弁円寂79．
4	1281	瑩山禅師，発心求道す．＊弘安の役．
5	1282	瑩山禅師，宝慶寺寂円に参ず．菩提心を発して不退転位に至る．＊日蓮寂61．北条時宗，円覚寺建立．
6	1283	寒巌義尹，肥後に大慈寺創建．
9	1286	＊無学祖元寂61．
10	1287	義介，永平寺を退く．
正応2	1289	＊大休正念寂74．一遍寂51．
正応4	1291	瑩山禅師，富樫氏の要請により阿波海部の城満寺住持．
永仁元	1293	義介，大乗寺開堂法会を修す．
3	1295	1.14　瑩山禅師，大乗寺にて「平常心是道」の話にて大悟．義介の法を嗣ぎ，大乗寺最初の首座となる．
5	1297	峨山禅師，瑩山禅師と相見．＊永仁の徳政令
6	1298	義介，大乗寺を退く．＊心地覚心寂92．
正安元	1299	峨山禅師，大乗寺にて瑩山禅師に謁し禅に帰す．＊元僧一山一寧，来日．
2	1300	瑩山禅師，大乗寺にて『伝光録』を開示す．
3	1301	12.23　峨山禅師，両箇月の問答で悟道し，瑩山禅師より印可を受く．
嘉元2	1304	12.8　瑩山禅師，大乗寺にて開堂の式を行う．
徳治元	1306	峨山禅師，諸方遍歴の途に着く．
延慶2	1309	9.14　義介示寂91．
正和元	1312	春，瑩山禅師，能登酒井保の地を寄進される（永光寺）．

和　暦	西暦	事　　　項
2	1313	8.　瑩山禅師，茅屋を建て永光寺の仮庫裡とする．
文保元	1317	10.2　瑩山禅師，永光寺に開堂出世す．冬，永光寺最初の結制安居が行われる．＊文保の和談．
元応2	1320	9.6　後醍醐天皇，瑩山禅師に十種の勅問を垂れ瑩山禅師奉答すという．
元亨元	1321	5.15　瑩山禅師，定賢律師より，諸嶽寺観音堂を寄進され，入寺．6.8　瑩山禅師，同寺を禅院となし，諸嶽山總持寺を開創す．6.17　瑩山禅師，『観音堂縁起（總持寺中興縁起）』を著す．11.25　峨山禅師，永光寺首座に任じられ，秉払を行う．＊後醍醐天皇，院政を廃し天皇親政．
2	1322	8.28　後醍醐天皇，綸旨を賜い總持寺を日本曹洞賜紫出世之道場となすという．＊虎関師錬，「元亨釈書」撰述．
3	1323	10.9　瑩山禅師，「山僧遺跡寺々置文」を撰し，この年永光寺五老峰設置す．
正中元	1324	3.16　瑩山禅師，「總持寺十箇条之亀鏡」を定む．5.16　峨山禅師，永光寺首座として大衆20名とともに，總持寺僧堂の開堂式に出発．5.29　總持寺僧堂開単式を行う．7.7　峨山禅師，瑩山禅師より總持寺住職に請せられる．7.12　瑩山禅師，永光寺に帰る．＊中巌円月，入元．正中の変
正中2	1325	8.8　瑩山禅師，明峰素哲に永光寺を譲る．8.15　瑩山禅師，永光寺にて示寂，62歳．＊夢窓，南禅寺に住持．
嘉暦2	1327	＊夢窓，鎌倉浄智寺に住し，瑞泉寺創建．
元徳元	1329	春，無外円照，總持寺峨山に参ず．＊元僧明極楚俊・竺仙梵僊，来日．雪村，帰国．
元弘2	1332	＊中巌，帰国．
3	1333	＊鎌倉幕府滅亡
建武元	1334	無底良韶，峨山禅師に参ず．＊建武の新政
延元元（建武3）	1336	＊後醍醐天皇，吉野へ（南北朝に分裂）
2（　4）	1337	＊宗峰妙超（大徳寺開山）寂56.
3（暦応元）	1338	＊この頃より安国寺・利生塔設置．足利尊氏，征夷大将軍．
4（　2）	1339	＊足利尊氏，天龍寺創建．北畠親房「神皇正統記」撰述．
興国元（　3）	1340	峨山禅師，永光寺に住持．

和　暦	西暦	事　　　　項
2（　4）	1341	7.10　無底良韶，峨山禅師に嗣法.
3（康永元）	1342	通幻寂霊（以下通幻），峨山禅師に見ゆ．＊五山十刹の制定まる.
5（　3）	1344	5．月泉良印，峨山禅師に嗣法．峨山禅師，再び永光寺に住持.
正平元（貞和2）	1346	原翁心昭，峨山禅師に参ず．＊虎関師錬寂69．雪村友梅寂57．興福寺衆徒，東大寺を襲う.
3（　4）	1348	陸奥黒石正法寺建立，4.5 落成，無底，開堂．＊四條畷の戦.
4（　5）	1349	6.1 太源宗真，峨山禅師に嗣法.
5（観応元）	1350	3.28　明峰素哲示寂74．5.6 北朝，陸奥正法寺を奥州二州の僧録，曹洞第三の本寺賜紫出世の道場となす.
6（　2）	1351	總持寺，五院開く．大乗寺，足利尊氏の祈願所となる．＊夢窓疎石寂77.
7（文和元）	1352	通幻，峨山禅師に参ず（一説）.
9（　3）	1354	3.2　孤峰覚明，瑩山禅師に仏慈禅師の諡号降下を賀し書を峨山禅師に呈す．峨山禅師，禅師の諡号を拝辞.
10（　4）	1355	道叟道愛，峨山禅師に嗣法.
11（延文元）	1356	通幻，峨山禅師に嗣法.
12（　2）	1357	源翁心昭，伯耆に退休寺開創．この年，南朝が總持寺を祈願所となすという.
13（　3）	1358	＊足利尊氏死す54.
15（　5）	1360	源翁，下野那須泉渓寺開堂.
17（貞治元）	1362	2.9　峨山禅師，總持寺未来住持職補任の規を定む.
18（　2）	1363	無外円照，峨山禅師に参ず.
19（　3）	1364	12.13　峨山禅師，總持寺住持職の事を定め，峨山門下嗣法の次第を守り，五カ年住持すべき事を規定す．＊この頃「元亨釈書」刊行.
21（　5）	1366	10.20　峨山禅師，示寂91歳（一説正平20年）．太源，總持寺に輪住（第3世）．無著妙融，日向に太平寺開創.
22（　6）	1367	無際純証，總持寺に輪住（第4世）。
23（応安元）	1368	通幻，總持寺第5世に輪住．10.21　峨山禅師の法嗣ら連署して開祖の毎年8月の仏事出銭の事を定む．＊延暦寺衆徒，禅宗の興隆非難．絶海中津，入明．元滅び明起こる.

和　暦	西暦	事　　　　項
建徳元（　　3）	1370	8.13　峨山五哲，總持寺（以下本山）を以て曹洞一宗の本山となさんことを議す．通幻，丹波に永沢寺開創．
2（　　4）	1371	11.20　太源宗真，示寂．無端祖環，本山第7世に輪住．
文中元（　　5）	1372	大徹宗令，本山第8世に輪住．永平寺，後円融院より「日本曹洞第一道場」の額賜る．＊室町幕府，禅宗法則条々を定む．
3（　　7）	1374	通幻，天下の僧録に補任．実峰良秀，本山第9世に輪住か．＊この頃「太平記」成る．
天授2（永和2）	1376	＊絶海，帰国．
3（　　3）	1377	大徹宗令，越中に立山寺開創．
4（　　4）	1378	10.23　本山当住通幻等，總持寺を永光寺の本寺と定む．＊足利義満，室町に花御所造営．
5（康暦元）	1379	＊春屋妙葩，僧録司に任ぜられ，僧録制度確立．
6（康暦2）	1380	6.26　總持寺，仏殿上棟す．
元中3（至徳3）	1386	通幻，越前竜泉寺開創．＊五山十刹の制確立．
4（嘉慶元）	1387	2.24　無端祖環寂．
5（　　2）	1388	＊義堂周信寂64．
7（明徳元）	1390	10.20　「總持寺尽未来際条々置文之事」盟約文書成る．10.21　通幻，妙高庵に退き，翌日，梅山聞本，本山第11世に輪住．
8（　　2）	1391	5.5　通幻寂霊，示寂70．
明徳3	1392	＊南北朝の合一成る。
応永元	1394	3.1　了庵慧明，相模最乗寺開創．傑堂能勝，越後耕雲寺開創．石屋真梁，薩摩福昌寺開創．
2	1395	本山，源翁心昭及びその門徒を峨山門下より擯出し200余年間の瑞世を停止．
3	1396	源翁心昭示寂71（一説，応永7）．
4	1397	秋，竺山得仙，總持寺輪住．＊絶海，相国寺住持．足利義満，金閣寺造営を始む．
6	1399	6.17　本山，足利義満より寺領安堵．＊応永の乱
11	1404	中明見方，信濃に霊松寺開創．実峰良秀を開山に請す．＊勘合貿易の開始．
12	1405	6.12　実峰良秀，示寂88．9.15　日山良旭，總持寺輪住．
13	1406	2.2　不見明見，總持寺輪住．

和　暦	西暦	事　　　　　項
14	1407	7.19　石屋真梁，總持寺輪住．
15	1408	1.25　大徹宗令示寂 76．＊足利義満死す 51．
17	1410	石屋，長門に康福寺（後の大寧寺）開創．
18	1411	3.27　了庵慧明示寂 75．6.11　前總持寺住持，竹窓智厳，梅山聞本等，普蔵院末代制誡 5 ヶ条を規定．如仲天誾，駿河に大洞院創建．＊一休宗純，義持に謁す．上杉氏憲関東管領．
30	1423	太容梵清，「諸嶽山總持禅寺之行記」を書写校合し，紀綱寮の公用に備う．
正長元	1428	正長以後，輪住世代増加，1 年 4 ～ 7 人さらに 40 人にも達す．＊正長の土一揆．
永享 2	1430	「諸嶽山總持禅寺住持職五門跡契約状」を作製し，五門跡輪番次第を規定す．
嘉吉元	1441	5.7　陸奥正法寺，奥羽二州の僧録に補任．東海義易，豊川に妙厳寺開創．＊嘉吉の変．
宝徳元	1449	拈笑宗英，信濃に定津院開創．
長禄 2	1458	12.24　本山，足利義政の寺領安堵状を受く．
3	1459	南英謙宗寂 73．
応仁元	1467	＊応仁・文明の乱（～ 1477）．
文明 3	1471	＊蓮如，越前に吉崎道場建設．
13	1481	＊一休宗純寂 88．
14	1482	＊足利義政，銀閣寺造営．
長享 2	1488	＊加賀に一向一揆起こる．
明応元	1492	明応年間より總持寺門派の者，永平寺にて転衣する者あり．
6	1497	曇英慧応，越後に林泉寺開創．
文亀元	1501	この年以後，勅任（瑞世師）と輪住混淆の世代となる．
永正 6	1509	10.19　本山，畠山義元の寺領安堵状を受く．
10	1513	12.17　畠山義元の寄進を受く．
	1517	＊ルター宗教改革．
天文 8	1539	永平寺，後奈良天皇より「日本曹洞第一出世道場」追認の綸旨を賜わる．
9	1540	2.27　本山，後奈良天皇より賜紫出世道場追認の勅書を賜わる．
18	1549	＊フランシスコ・ザヴィエル，鹿児島上陸．
永禄 4	1561	11.25　本山，火災．
9	1566	7.28　朝廷，妙高庵を転衣の精舎となす．
11	1568	＊織田信長，足利義昭を奉じて入京．

和　暦	西暦	事　　　　　項
天正 10	1582	＊甲斐恵林寺快川紹喜ら織田信長により焼殺される．本能寺の変．大友・大村・有馬 3 氏ローマ教皇に遣使．
13	1585	＊羽柴秀吉関白となる．
15	1587	この年より，輪住組織変わり，輪住者は世代に列せず住持の実権を有し，世代は勅住（瑞世師）にて編次す．
17	1589	6.27　朝廷，本山の曹洞出世の道場たるを認め，老齢で上洛叶わざる者は本山にて転衣すべきを允許す．
18	1590	4.11　前田利家．總持寺再興督励の制状を下す．＊豊臣秀吉小田原・奥州平定．
19	1591	永平寺，後陽成天皇より日本曹洞の本寺および出世道場の綸旨を賜わる．
文禄元	1592	＊文禄の役．
慶長 2	1597	＊慶長の役．
5	1600	＊関が原の戦い．
6	1601	この年，本山山門造営．
8	1603	＊江戸幕府開く．
17	1612	5.28　徳川家康，下総総寧寺．武蔵龍穏寺．下野大中寺及び遠江可睡斎に建法幢等法度五ヵ条を下し全曹洞宗内に布告せしむ．
18	1613	＊天海，日光山別当となる．
元和元	1615	7.　徳川秀忠，法度を本山に下し出世転衣等の分限を規定す．8.20　前田利光，幕府の命を受け，總持寺に出世・輪番僧儀・祠堂に関する法度を下す．諸宗寺院法度を定める．＊大坂夏の陣．
4	1618	10.28　前田利常，總持寺へ寺領 326 石をあたえ，「總持寺掟」を下す．
5	1619	＊金地院崇伝，僧録司となる．
6	1620	1.25　徳川秀忠，重ねて曹洞宗法度五ヵ条を下す．
寛永 4	1627	永平寺との 9 年にわたる転衣論争おこる
6	1629	6.22　下総総寧寺，武蔵龍穏寺・下野大中寺を天下の大僧録となし，上野雙林寺を上野・信濃・越後・佐渡 4 ヵ国僧録頭と定め，遠江可睡斎を東海道駿河・遠江・三河等の大僧録となし，更に全国に僧録 50 余ヵ寺を置く．＊紫衣事件，沢庵（宗彭）ら処罰．
8	1631	＊幕府，新寺建立禁止令を出す．

和　暦	西暦	事　　　　　項
9	1632	曹洞宗本末帳提出．幕府，各宗本山に寺院本末帳の提出を命ず．
12	1635	＊幕府，寺社奉行を設置．参勤交代制の確立．
13	1636	＊日光東照宮完成．
14	1637	＊島原の乱．
16	1639	＊鎖国を断行．
	1644	＊明滅び清朝成る．
正保 2	1645	＊沢庵宗彭寂 73．
3	1646	この頃，總持寺塔頭 22 ヶ寺成立．
承応 3	1654	＊明僧隠元隆琦，来日．
明暦元	1655	鈴木正三寂 67．
2	1656	可睡斎松頓，総寧寺門下の永平寺昇住に反対し，嶺巌英峻と論争し，津軽に流罪となる．
3	1657	3.17　前田綱紀，總持寺へ寺領加増し，400 石を与える．
寛文 4	1664	3.21　関東三刹，源翁派の本山よりの追擯を免ず．
延宝元	1673	＊隠元隆琦寂 80．
5	1677	＊明僧東皐心越，来日．
8	1680	卍山道白，『瑩山清規』『坐禅用心記』刊行．
天和元	1681	2.23　関東 3 ヵ寺，配下分国を決定す．＊鉄眼の一切経成る．
2	1682	＊鉄眼道光寂 53．
貞享 4	1687	＊生類憐みの令発布．
元禄 5	1692	＊東大寺大仏殿再建，開眼供養．
13	1700	7.16　梅峰竺信・卍山道白ら宗統改革を関東 3 ヵ寺に訴う（宗統復古運動）．
14	1701	卍元師蛮『本朝高僧伝』成り，次いで 1706『延宝伝燈録』刊行．
15	1702	＊赤穂浪士，吉良義央を討つ．
16	1703	8.7　幕府，永平寺・總持寺の訴願により師資面授一師印証の条目を降す．
宝永 2	1705	總持寺，寺院本末帳の提出を僧録寺に命ず．
4	1707	梅峰竺信寂 75．
6	1709	徳翁良高寂 61．
正徳 4	1714	10.20　二祖峨山大和尚 350 回忌法要会修行．
5	1715	卍山道白寂 80．
享保元	1716	＊将軍吉宗，享保の改革（～ 1735）．
享保 9	1724	8.15　開山瑩山禅師 400 回忌法要会修行．＊南禅寺・東福寺初めて連環結制を行う．

和　暦	西暦	事　　　項
12	1727	8.　嶺南秀恕『日本洞上聯燈録』12巻を撰述す.
20	1735	天桂伝尊寂88.
元文2	1737	12.　関東3ヵ寺，宗門寺院の寺格を調査して上申す.
寛保元	1741	＊無著道忠『禅林象器箋』撰述.
延享2	1745	経蔵完成.
4	1747	11.　関東3ヵ寺，宗門寺院の本末を調査し幕府に提出す.
宝暦2	1752	嶺南秀恕寂78.
8	1758	＊宝暦事件.
10	1760	白竜三州寂72.
明和元	1764	10.20　二祖峨山大和尚400回忌法要会修行. 指月慧印寂76.
5	1768	＊白隠慧鶴寂84.
6	1769	面山瑞方寂87.
安永元	1772	11.29　後桃園天皇, 瑩山禅師に「弘徳円明国師」の諡号を賜う.
安永2	1773	瞎道本光寂.
3	1774	8.15　開山瑩山禅師450回忌法要会修行. ＊虚無僧取締行わる.
天明元	1781	＊月船禅慧寂80.
2	1782	＊天明の大飢饉（～1787）.
7	1787	＊寛政の改革（～1793）.
8	1788	1.18　寺社奉行，本山の願意により峨山派下の者必ず總持寺に於て転衣すべき旨を令す.
寛政2	1790	＊寛政異学の禁.
4	1792	＊ロシア使ラクスマン根室来航. 林子平『海国兵談』の筆禍.
6	1794	『永平清規』刊行.
8	1796	4.18　寺社奉行,「転衣は両本山どちらでもよし」と天明8年正月の裁許を廃す.
12	1800	＊伊能忠敬蝦夷地測量.
享和3	1803	洞水月湛寂76.
文化元	1804	北海道に天台・浄土・禅の三官寺を建立. 北海道国泰寺建立.
2	1805	本山諸堂大破につき諸国に修理費を勧化す. 翌年火災にあい，以後文化14年頃まで伽藍再建事業行われ，五院の再建事業もすすむ.
4	1807	玄透即中寂79.
6	1809	幕府，再建勧募を許可す.
8	1811	穏達ら『正法眼蔵』90巻上梓，円成.
12	1815	夏，仏殿落成.

和　暦	西暦	事　　　　項
13	1816	大庫裡落成.
文政元	1818	5.7　山崩にて客殿大破.
8	1825	＊異国船打払令.
天保2	1831	大愚良寛寂74.
12	1841	＊天保の改革（～1843）.
弘化4	1847	風外本高寂69.
嘉永3	1850	永平寺・總持寺両山の間に衣体事件起こり，文久元年まで続く.
6	1853	＊米使ペリー浦賀来航.
安政元	1854	＊日米和親条約.
4	1857	『伝光録』刊行.
5	1858	＊日米修好通商条約調印.
元治元	1864	8.　二祖峨山大和尚500回忌法要会修行.
慶応3	1867	物外不遷寂73.　＊大政奉還，王政復古の大号令.
明治元	1868	2.　永平寺臥雲童竜，関三刹の宗制撤去と永平寺を「総本山」となすことを出願. 6.6　太政官令によって永平寺を総本寺となさんとする沙汰があったが，翌年總持寺の訴えにより取り止めとなる. 京都天寧寺にて碩徳会議開く. ＊神仏分離令発布. 廃仏毀釈始まる. 寺社奉行廃止. 明治維新. 五箇条の御誓文発布.
2	1869	＊版籍奉還.
3	1870	7.25　本山，輪住制を廃し独住制となし，梅崖奕堂独住第1世となる. 『拈評三百則不能語』刊行.
4	1871	＊寺社所有の田畑・上知令. 寺社領没収. 廃藩置県.
5	1872	3.28　永平寺・總持寺協和盟約成る. 10.3　本山独住制認可さる. 臨済・曹洞・黄檗三宗合一して一禅宗となり，由利滴水管長となる. ＊僧侶の肉食妻帯蓄髪を許す. 「三条の教則」発布，大教院設置. 太陽暦採用・学制頒布.
6	1873	梅上沢融，島地黙雷ら欧米・インド視察. ＊徴兵令公布.
7	1874	2.22　曹洞宗名を称す. 3.1　両本山，東京出張所を曹洞宗務局と改称す. 9.15　開山瑩山禅師550回忌法要会修行. 禅宗教団，曹洞宗，臨済・黄檗宗の二宗として分立.
8	1875	1.13　本山山内の五院を廃し本山に合併，庵末も本山直属とする. ＊大教院廃止され，信教・布教の自由認めらる. ロシアと千島・樺太の交換.

和　暦	西暦	事　　　　項
9	1876	＊黄檗宗独立し，臨済宗9派に分立する．
10	1877	10.20　両本山各開祖の称号を一定し，道元・瑩山両祖の忌日を太陽暦に換算して共に9月29日となす．＊西南戦争．
11	1878	2.16　總持寺，僧堂を開単し，雲納50名の掛塔を許す．＊浄土宗東西両部に，真言宗新義・古義に分立し，各々管長を置く．
12	1879	2.25　両本山盟約10ヵ条成る．8.24　旃崖（諸嶽）奕堂示寂75．永平道元禅師に承陽大師号勅諡．＊教育令制定．
13	1880	2.16　畔上楳仙，總持寺住職に任命され，9.12　本山独住第2世晋山式を挙行．
14	1881	10.11より第2次末派総代会議開催，本末憲章を制定す．永平寺承陽殿再建．＊真宗西本願寺を本願寺，東本願寺を大谷派と改む．国会開設の詔．
15	1882	5.5　曹洞本宗本末憲章発布，全国末派へ普達．6.　専門学本校駒込吉祥寺より麻布日ヶ窪に移り，10.15　曹洞宗大学林と改称す．＊立憲改進党結成．壬午事変．日本銀行創立．
17	1884	臨済・曹洞・黄檗の三宗各派毎に宗制・寺法等定める．環渓（久我）密雲寂68．＊鹿鳴館時代．
18	1885	6.10　宗務局，新宗制を発布し，8月1日より実施を普達す．8.18　『伝光録』（大内改訂本）を出版．＊内閣制度制定．
19	1886	5.13　「法式改正規則」「衣体制度改革」を指示．大道長安，救世教開教．＊花園高等学院（臨済宗）設立．
20	1887	6.　曹洞宗扶宗会，『洞上在家修証義』編纂．
21	1888	1.20　宗務局，本月1日を期し僧侶の衣体斉整を普達．11.『洞上行持軌範』完成．＊市制，町村制公布．
22	1889	6.5　本山僧堂竣工，この日落慶・開単式挙行．『近世禅林僧宝伝』刊行．尊皇奉仏大同団結成．＊大日本帝国憲法発布.．
23	1890	『曹洞教会修証義』完成．＊第1回帝国議会．教育勅語発布．
24	1891	『洞上行持軌範』，1月1日より実施．
25	1892	2.18　曹洞宗革新同盟会，両本山分離を本山貫首に提言す．3.19　本山貫首畔上楳仙管長の権限に於て両本山分離独立の達書を発布し，両山盟約の無効，曹洞宗務本支局の廃止，宗議会の消滅を告げ，内務大臣に宗制の取消，両本山分離の請願をなす．以後，能本山分離独立運動展開し一宗混乱す．5.7　曹洞宗内有志者「曹洞宗両本山非分離同志会」を

和　暦	西暦	事　　　　　項
		組織す．7.27　永平寺両本山分離不可を勧告する．8.8　總持寺貫首これを拒絶する．坦山（原）覚仙寂 74．＊洪川宗温寂 77．大日本仏教青年会結成．清沢満之『宗教哲学骸骨』刊行．
26	1893	4.13　両本山貫首，内務大臣より説諭を受く．7.15　服部元良，星見天海，北野元峰ら 7 名両本山調和委員となり交渉するも能山側の拒絶により決裂す．11.6　能山議会を東京芝公園弥生館に開き，独立分離の最終手続等の協議をする．内務大臣の説諭により，11.9-22 曹洞宗事務取扱畔上楳仙の本山退隠，石川素童の宗制違反による宗内擯斥を令す．12.5　代議士鵜飼郁次郎ら「曹洞宗に関する質問書」を政府に提出，12.6　衆議院にて質問をなし，能山分離独立運動，議会の問題にまで進展する．＊シカゴ万国宗教大会に禅宗の洪嶽宗演，土宜法竜ら出席．
27	1894	12.17　畔上本山前貫首，両祖真前にて両本山分離宣言を懺謝し，永平寺森田悟由貫首も引責退董を通達す．12.30　内務大臣，官邸で両本山和解を講じ問題解決し，翌日「曹洞宗非常法規」に準じ，畔上，森田両師両本山貫首に特選される．＊日清戦争（～1895）．
28	1895	3.2　両本山貫首名にて両本山一体不二の協和に復帰した旨を告諭す．11.5　宗務局，「曹洞宗両本山僧堂規程」「曹洞宗認可僧堂規定」「曹洞宗師家規定」を制定し，僧堂制度を整える．＊下関条約調印，露・仏・独三国干渉．
29	1896	10.20　第 4 次宗議会開会．12.15　宗務局，全国 22 ヵ所の認可僧堂と 30 の中学林を開設許可す．＊仏教各派協会編「仏教各宗綱要」完成．
30	1897	魯山（滝谷）琢宗寂 62．＊金本位制確立．
31	1898	4.13　本山，火災．10.21　再建のため直末大会を開く．
32	1899	11.5　両本山貫主宗務局，總持寺諸殿堂再建工事につき告諭を発す．＊滴水（由利）宜牧寂 78．
33	1900	1.1　太祖降誕日を新暦の 11 月 21 日と定む．3.15　再建部組織成る．
34	1901	3.15　畔上本山貫首退隠，選挙により西有穆山独住第 3 世となる．12.27　大岡（畔上）楳仙示寂 77．曹洞宗山崎快英，米国へ留学．木村泰賢『仏教統一論・第 1 編大綱論』刊行．

和　暦	西暦	事　　　　　　項
		＊清沢満之，精神主義を標傍し『精神界』創刊．八幡製鉄所創業，日本赤十字社創立．
35	1902	4.18　永平寺道元禅師650回忌法要会修行．＊仏教青年伝道会設立．日英同盟成る．
36	1903	＊臨済宗花園学林設立．
37	1904	＊東京駒込に天台宗大学設立．日蓮宗大学林設立．日露戦争（～1905）．
38	1905	曹洞宗大学林を曹洞宗大学と改称．2.25　西有本山貫首退隠し，4.16　石川素童，本山貫首に当選し独住第4世となる．
39	1906	7.1　宗門宗憲制定実施．7.26　本山神奈川県鶴見に移転の諮詢会開催．＊南満洲鉄道株式会社設立．
40	1907	3.9　總持寺，神奈川県鶴見への移転官許を受く．9.13　總持寺，能登別院大祖堂起工式．10.17　鶴見にて地鎮式挙行．
41	1908	11.7　鶴見にて伽藍造営起工式．
42	1909	9.8　瑩山禅師に常済大師の諡号賜う．
43	1910	7.20　放光堂，立柱式挙行．12.4　穆山（西有）瑾英示寂90．＊韓国併合．大逆事件．
44	1911	7.2　本山鶴見に移り石川県の祖廟を別院と為す．11.5　本山移転遷祖式を挙行す．台北・京城に布教総監部を置く．日置黙仙・来馬琢道，タイ国皇帝戴冠式に参列．＊日・米・英・独修交通商航海条約締結，関税自主権確立．中国辛亥革命．
大正元	1912	3.8　總持寺，仏殿起工地鎮式挙行．＊明治天皇崩御．
2	1913	天海（星見）皎月寂81．
3	1914	＊第1次世界大戦（～1918）．
4	1915	6.6　本山仏殿落成す．10.31　大梵鐘，撞き初め．
5	1916	日置黙仙，万国仏教徒大会参加のため渡米，大統領ウィルソンに会見．悟由（森田）大休寂82．
7	1918	＊大内青巒没74．シベリア出兵．米騒動起こる．
9	1920	4.1より15日間で二祖峨山大和尚550回忌法要会修行．11.16　牧牛（石川）素童示寂80．＊国際連盟成立．経済恐慌起こる．
10	1921	1.19　新井石禅，本山貫首に当選し独住第5世となる．9.28　新井貫首，米国大統領ハージングと会見．＊ワシントン軍縮会議．
12	1923	忽滑谷快天『禅学思想史』を著わす．＊関東大震災．
13	1924	4.　横浜市中区總持寺会館に光華女学校設立（鶴見女学校）後に鶴見区東寺尾に移転．

和　暦	西暦	事　　　　項
14	1925	4.1 より 3 週間開山瑩山禅師の 600 回忌法要会修行．両祖の称号を高祖承陽大師，太祖常済大師と規定す．＊普通選挙法．治安維持法公布．
昭和元	1926	和辻哲郎「沙門道元」の論文発表．
2	1927	12.7　穆英（新井）石禅示寂 64．＊中国，国共分離，排日運動激化．
3	1928	2.9　杉本道山，本山貫首に当選し独住第 6 世となる．＊御大典記念日本宗教大会開催．パリ不戦条約．
4	1929	10.16　玄光（杉本）道山示寂 83．12.4　秋野孝道，本山貫首に当選し独住第 7 世となる．『曹洞宗全書』刊行開始．以後 7 年間にわたり刊行．＊世界的経済大恐慌起こる．
5	1930	5.1 より永平寺二祖孤雲懐弉大和尚 650 回忌法要会修行．宗渕黙雷寂 77．＊金解禁実施．ロンドン軍縮会議．農村の恐慌．
6	1931	＊満洲事変．
7	1932	＊上海事変．満洲国建国．
8	1933	10.12　本山僧堂開単式挙行．＊国際連盟脱退．
9	1934	2.20　大忍（秋野）孝道示寂 77．4.2　栗山泰音，本山貫首に当選し独住第 8 世となる．＊ヒトラー総統就任．
10	1935	5.28　栗山本山貫首退隠．伊藤道海，規定により本山独住第 9 世となる．夏，倚松庵建立．秋山範二『道元の研究』著わす．
12	1937	3.8　本山二祖峨山韶碩に大現宗猷国師の諡号を賜う．6.2　雷樹（栗山）泰音示寂 78．＊盧溝橋事件．日中戦争（～ 1945）．
14	1939	宇井伯寿『禅宗史研究』著わす．＊宗教団体法制定．ドイツ軍ポーランド侵入，第 2 次世界大戦（～ 1945）．
15	1940	7.16　天祐（伊藤）道海示寂 67．翌日鈴木天山，独住第 10 世として本山に晋住．＊大政翼賛会創立．日独伊三国同盟締結．
16	1941	4.1　鈴木天山，永平寺へ昇住．同日　大森禅戒，本山独住第 11 世に晋住．6.11　白竜（鈴木）天山示寂 79．6.28　大森禅戒，永平寺昇任．同日　高階瓏仙，本山独住第 12 世に晋住．7.17　高階瓏仙，永平寺へ昇住．同日　福山界珠，本山独住第 13 世に晋住．＊真珠湾攻撃，宗教統制によって仏教宗団 13 宗 28 派となる．太平洋戦争勃発（～ 1945）．
17	1942	＊神・仏・基 3 教共同主催，大詔奉戴宗教報国大会開かる．ミッドウェー海戦．食糧管理法公布．
18	1943	3.15　宝雲（福山）界珠示寂 63．久我篤立，本山独住第 14

著者略歴

竹内道雄

一九二二年生れ

一九五四年東京大学文学部大学院満期修了

東京都立文京高等学校教諭、国立長岡工業高等専門学校教授、愛知学院大学教授、新潟県十日町市・曹洞宗臨泉山神宮寺住職を歴任

二〇一四年　没

〔主要著書〕

『道元 新稿版(人物叢書)』(吉川弘文館、一九九二年)

『永平二祖孤雲懐奘禅師伝』(春秋社、一九八二年)

『曹洞宗教団史』(教育新潮社、一九七一年)

編者略歴

尾崎正善

一九六一年生れ

一九九〇年　駒沢大学大学院博士課程人文科学研究科仏教学満期退学

現在、横浜市・曹洞宗瀬谷山徳善寺住職、鶴見大学非常勤講師、曹洞宗総合研究センター教化研修部門講師

〔主要著書〕

『住山記　總持禅寺開山以来住持之次第』本編・索引(共編、大本山總持寺、二〇一一年)、『潙山―潙仰の教えとは何か』(臨川書店、二〇〇七年)、『孤高の禅者　道元』(日本の名僧9)(共著、吉川弘文館、二〇〇三年)

總持寺の歴史〈増補新版〉

二〇一五年(平成二十七)八月一日　第一刷発行

著　者　竹《たけ》内《うち》道《みち》雄《お》

編　者　尾《お》崎《ざき》正《しょう》善《ぜん》

発行者　吉川道郎

発行所　株式会社 吉川弘文館

郵便番号一一三―〇〇三三

東京都文京区本郷七丁目二番八号

電話〇三―三八一三―九一五一〈代表〉

振替口座〇〇一〇〇―五―二四四番

http://www.yoshikawa-k.co.jp/

印刷＝株式会社 ディグ

製本＝誠製本株式会社

装幀＝古川文夫

©Toshimichi Takeuchi 2015.Printed in Japan

ISBN978-4-642-08280-8

JCOPY 〈(社)出版者著作権管理機構 委託出版物〉

本書の無断複写は著作権法上での例外を除き禁じられています．複写される場合は，そのつど事前に，(社)出版者著作権管理機構(電話 03-3513-6969，FAX03-3513-6979，e-mail：info@jcopy.or.jp)の許諾を得てください．

道　元〈新稿版〉（人物叢書）

竹内道雄著

四六判・三六〇頁／二二〇〇円

鎌倉時代が生んだ偉大な宗教家。名門公家の家に生まれ、世俗的出世を望まれながらも自ら出家。さらに宋に渡り、帰国後、日本曹洞宗の開祖となる。時代背景をおりなすとともに、その人物像を克明に描き出す伝記。

孤高の禅師 道　元（日本の名僧）

中尾良信編

四六判・二二三八頁・原色口絵二頁／二六〇〇円

永平寺を拠点として、厳しい修行と出家主義を貫いた道元。中国に渡り如浄に会って悟りを開く。比叡山から生まれた禅と道元禅の相違、「正法眼蔵」、因果と業などを通して、現代における主体的な生き方とは何かを学ぶ。

知っておきたい 名僧のことば事典

中尾　堯・今井雅晴編

A5判・三〇四頁／二九〇〇円

道元をはじめ、日本史上に大きな足跡を残した名僧三四名の珠玉のことばを集成。心にしみる言葉の理解のために、名僧の生涯を辿り、現代語訳と平易な解説を付す。混迷の時代を生きる現代人に、多くの指針を与えてくれる。

（価格は税別）

吉川弘文館

事典 日本の名僧

今泉淑夫編

四六判・四九六頁／二七〇〇円

日本史上に登場する一八〇人の名僧・高僧・政僧を没年順に収載し、わかりやすく解説。主要な著作・典籍・宗派・信仰や、肖像画も多数掲載。巻末に主要名僧在世年表、仏教関係年表、宗派系統図、索引を付載した決定版。

事典 日本の仏教

蓑輪顕量編

四六判・五六〇頁／四二〇〇円

日本人は、仏教をどう理解し実践してきたのか。仏教誕生から日本伝来までを前史とし、日本における受容と発展を、教義と思想、宗派の特徴、僧侶の修行と学問などから時代を追って詳説。仏教の教えに即した新・仏教史事典。

日本仏教史辞典

今泉淑夫編

四六倍判・一二三八頁・別刷六八頁／二〇〇〇〇円

仏教伝来から千数百年、その思想は日本人の自然観・世界観や日本文化の形成に大きな影響を与えてきた。日本の仏教を理解するための四七〇〇項目余を厳選し、確かな研究成果を盛り込み懇切に解説した仏教史辞典の決定版。

（価格は税別）

吉川弘文館